JLPT
Japanese Language Proficiency Test

短期集中！15日で総仕上げ

Short-term concentration! Total finish in 15 days
Nồng độ ngắn hạn! Tổng cộng hoàn thành trong 15 ngày

日本語能力試験 N4
直前対策
ドリル&模試
文字・語彙・文法

Japanese Language Proficiency Test N4 Countermeasures Drill & Mock Letters · Vocabulary · Grammar
Bài kiểm tra trình độ tiếng Nhật N4 biện pháp đối phó Thử nghiệm khoan và thử nghiệm Thư từ · Từ vựng · Ngữ pháp

森本智子・高橋尚子・渡邉亜子●共著

Jリサーチ出版

はじめに

Foreword ／ Lời nói đầu

　日本語能力試験は、日本語を学習する多くの方々にとって、とても大切な試験になっています。それぞれの学習段階において、具体的な到達目標として試験の合格を目指していることと思います。そして、試験日が近づくにつれ、気持ちは高まり集中力が増していきますが、同時に、不安な気持ちも感じてくるのではないでしょうか。

　そこで、試験前のラストスパートや、短期間で一気に実戦力を伸ばしたいときに、ぜひ、この問題集を活用してみてください。負担を感じることなく、どんどん問題を解き、実戦力を身につけていくことができます。「文字・語彙」と「文法」に分け、それぞれ15回のドリルと3回の模試、さらに、テーマ別にポイント整理ができるページも用意しています。どうぞ、分野別の強化プラン、また、試験までの対策スケジュールに合わせて、効果的にお使いください。

　本書を使った学習を通して、皆さんが日本語能力試験はN4に合格すること、また、本書が皆さんの日本語力の向上に役立つことを心より願っています。

著者一同

はじめに

The Japanese Language Proficiency Test is becoming a very important exam for many Japanese learners. It allows students at all different levels to have a concrete goal in mind, which is to work to pass the test. You may feel more excited and concentrated as the test day nears, but you may also start to feel anxious.

That is why we invite you to use this workbook as your final sprint toward your goal, or to quickly improve your test-taking skills in a short period of time. You should be able to improve without feeling drained by working through the problems and solving them. The workbook is split into Character / Vocabulary and Grammar sections, each with fifteen drill sections and three practice tests. Pages that allow you to mentally organize important points by theme are also included. Please use these according to your own plans based on the subjects you need to bolster and your study schedule until the test.

We sincerely hope that the things you learn from this book will help you pass the N4 level of the Japanese Language Proficiency Test, and that it will help improve your Japanese language skills.

The Authors

Kì thi năng lực tiếng Nhật là kì thi khá qua trọng với nhiều người học tiếng Nhật. Ở mỗi giai đoạn học tập người học lại có mục tiêu cụ thể để dành kết quả như mong muốn tại kì thi này. Và càng gần đến ngày thi, tâm trạng của người học trở nên hồi hộp hơn, khả năng tập trung lên cao nhưng đồng thời chắc cũng không khỏi cảm thấy lo lắng, hồi hộp.

Chính vì vậy, chúng tôi muốn các bạn hãy sử dụng cuốn ôn luyện này khi chỉ còn giai đoạn cuối ôn tập cho kì thi hay khi muốn nâng cao khả năng làm bài nhanh trong thời gian ngắn. Với cuốn sách này, bạn sẽ không cảm thấy áp lực, có thể giải được nhiều bài và trau dồi khả năng làm bài thi thực tế. Chúng tôi chia thành phần "từ vựng" và "ngữ pháp", mỗi phần có 15 bài luyện tập và 3 bài thi, ngoài ra còn có phần giúp bạn hệ thống lại các điểm cần chú ý theo chủ đề. Rất mong các bạn sẽ sử dụng hiệu quả lịch trình học tăng cường theo lĩnh vực hay kết hợp với kế hoạch học tập trước kì thi của bản thân.

Chúng tôi hy vọng rằng bằng cuốn sách này, các bạn sẽ có thể đỗ kì thi năng lực tiếng Nhật N4, hay giúp ích nâng cao khả năng tiếng Nhật của các bạn.

Nhóm tác giả

目次
Table of Contents / Mục lục

はじめに ··· 2
Foreword / Lời nói đầu

この本の使い方 ··· 6
How to Use This Book / Cách sử dụng sách

Part 1 実戦ドリル　文字・語彙 ················ 7
Practical Drill – Vovaburary / Bài tập thực tế – Từ vựng

第 1 回…8　　第 2 回…10　　第 3 回…12　　第 4 回…14　　第 5 回…16
第 6 回…18　　第 7 回…20　　第 8 回…22　　第 9 回…24　　第 10 回…26
第 11 回…28　第 12 回…30　第 13 回…32　第 14 回…34　第 15 回…36

テーマ別ミニ特訓講座 ······························· 38
Mini-Courses Based on Themes / Khóa học mini theo chủ đề

1. 漢字の訓読み　Kanji Kun-yomi Readings / Cách đọc chữ Hán　…38
2. 自動詞・他動詞　Intransitive / Transitive Verbs / Tự động từ, tha động từ　…39
3. する動詞　Suru-Verbs / Động từ する　…40
4. い形容詞　I-Adjectives / Tính từ い　…41
5. な形容詞　NA-Adjectives / Tính từ な　…42
6. 副詞・否定表現　Adverbs, Negative Expressions / Phụ từ, cách nói phủ định　…43
7. カタカナ語　Katakana Words / Từ katakana　…44

目次

Part 2 実戦ドリル　文法 ・・・・・・・・・・・・・・・・・・・・・・・・・・・・・・ 45
Practical Drill – Grammar ／ Bài tập thực tế – Ngữ pháp

第1回…46　第2回…48　第3回…50　第4回…52　第5回…54
第6回…56　第7回…58　第8回…60　第9回…62　第10回…64
第11回…66　第12回…68　第13回…70　第14回…72　第15回…74

テーマ別ミニ特訓講座 ・・・・・・・・・・・・・・・・・・・・・・・・・・・・・・ 76
Mini-Courses Based on Themes ／ Khóa học mini theo chủ đề

1. 助詞① Particles ① ／ Trợ từ ① ・・・76
2. 助詞② Particles ② ／ Trợ từ ② ・・・77
3. 接続表現 Conjunctions ／ Từ nối ・・・79
4. 受身・使役・使役受身 Passive / Causative / Causative-Passive ／ Bị động, bắt buộc, bị động bắt buộc ・・・80
5. 文末表現 End-of-Sentence Expressions ／ Cách dùng cuối câu ・・・82

Part 3 模擬試験 ・・・・・・・・・・・・・・・・・・・・・・・・・・・・・・ 83
Mock Examinations ／ Bài thi thử

文字・語彙　第1回…86
文字・語彙　第2回…94
文字・語彙　第3回…102
文法　第1回…110
文法　第2回…116
文法　第3回…122

〈別冊〉　解答・解説
〈Separate Volume〉　Answers and Explanations
〈Phụ lục〉　Lời giải, giải thích

この本の使い方
How to Use This Book / Cách sử dụng sách

この本では、15日の学習で終えられるようになっていますが、それより短くても、長くてもかまいません。試験までのスケジュールに合わせて自由にお使いください。以下は、15日で学習する場合の基本的なプランです。

While this book is designed so that it can be completed through 15 days of learning, it is fine to take shorter or longer to finish it. Please use it in line with your schedule leading up to the test. The following is the basic 15-day study plan.

Cuốn sách này được biên tập để học gói gọn trong 15 ngày nhưng bạn có thể học nhanh hơn hoặc chậm hơn đều được. Hãy sử dụng sách một cách thoải mái sao cho phù hợp với kế hoạch của bản cho tới ngày thi. Dưới đây là lịch trình cơ bản cho chương trình học trong 15 ngày.

	文字・語彙	文法
Day 1	実戦ドリル 第1回	実戦ドリル 第1回
Day 2	実戦ドリル 第2回	実戦ドリル 第2回
Day 3	実戦ドリル 第3回	実戦ドリル 第3回
Day 4	実戦ドリル 第4回	実戦ドリル 第4回
Day 5	実戦ドリル 第5回	実戦ドリル 第5回
Day 6	実戦ドリル 第6回	実戦ドリル 第6回
Day 7	実戦ドリル 第7回	実戦ドリル 第7回
Day 8	実戦ドリル 第8回	実戦ドリル 第8回
Day 9	実戦ドリル 第9回	実戦ドリル 第9回
Day 10	実戦ドリル 第10回	実戦ドリル 第10回
Day 11	実戦ドリル 第11回	実戦ドリル 第11回
Day 12	実戦ドリル 第12回	実戦ドリル 第12回
Day 13	実戦ドリル 第13回	実戦ドリル 第13回
Day 14	実戦ドリル 第14回	実戦ドリル 第14回
Day 15	実戦ドリル 第15回	実戦ドリル 第15回
Day 15	模擬試験 第1回	模擬試験 第1回
	模擬試験 第2回	模擬試験 第2回
	模擬試験 第3回	模擬試験 第3回
Day 1〜15	テーマ別ミニ特訓講座（7回）	テーマ別ミニ特訓講座（5回）

← **《実戦ドリル》**
実際の試験と同じ形式、半分くらいの量の問題で練習します。
「文字・語彙」「文法」のそれぞれについて、1日1回のドリルをするパターンです。答え合わせを含めて、最少20分程度です。
※もちろん、これより多くやったり、先にどちらかを集中的にやってもかまいません。

You will practice using questions that are in the same format as the actual test. About half the actual number of questions will be asked. This is a pattern where you will have one drill each per day for Characters / Vocabulary and Grammar. These should take at least 20 minutes, including checking your answers.
※Of course, it is fine if you do more than this, or if you decide to focus on one of the two types of drills first.

Luyện tập bằng bài luyện có hình thức giống với kì thi thực tế và độ dài bằng 1/2. "Từ vựng", "ngữ pháp" có bài luyện tập một lần một ngày. Chỉ mất khoảng 20 phút tính cả thời gian so đáp án.
※Tất nhiên, bạn có thể làm nhiều hơn hoặc làm tập trung phần nào trước cũng được.

← **《模擬試験》**
最後に3回でもいいですし、ドリルの前や途中で1回やってもいいでしょう。

It is fine to do it three times at the end, or once before and during drills, for example.

Bạn có thể làm cuối cùng 3 lần, hoặc làm 1 lần trước hoặc giữa bài luyện tập.

← **《テーマ別ミニ特訓講座》**
好きなときに、どれからやってもかまいません。
ポイント整理、弱点補強に役立ててください。

You may do these whenever you like, and you can start with whichever you want. Please use these to help mentally organize important points and to help address your weaknesses.

Bạn có thể từ bắt cứ đâu vào lúc mình thích. Hãy dùng cuốn sách để sắp xếp lại những mục cần chú ý hay hỗ trợ điểm yếu của bản thân.

Part 1
実戦ドリル
文字・語彙

Practical Drill – Vovaburary
Bài tập thực tế – Từ vựng

第1回～第15回

テーマ別ミニ特訓講座
Mini-Courses Based on Themes
Khóa học mini theo chủ đề

1. 漢字の訓読み
2. 自動詞・他動詞
3. する動詞
4. い形容詞
5. な形容詞
6. 副詞・否定表現
7. カタカナ語

Part 1 実戦ドリル 文字・語彙

第1回

10分　/17

もんだい1　＿＿の ことばは ひらがなで どう かきますか。ひとつ えらんで ください。

❶ <u>顔</u>に 何か ついて いますよ。
　　1　からだ　　　　2　くび　　　　　3　あたま　　　　4　かお

❷ テレビの 音が <u>急</u>に 大きく なりました。
　　1　きゅ　　　　　2　きゅう　　　　3　きょ　　　　　4　きょう

❸ 天気が よかったので、車を <u>洗いました</u>。
　　1　わらいました　2　わろいました　3　あらいました　4　あろいました

❹ 雨が <u>弱く</u> なったので、買い物に 出かけました。
　　1　よわく　　　　2　さむく　　　　3　かるく　　　　4　あさく

❺ あしたの <u>夕方</u>、友だちと 会います。
　　1　ゆうかた　　　2　ゆかた　　　　3　ゆうがた　　　4　ゆがた

もんだい2　＿＿の ことばは どう かきますか。ひとつ えらんで ください。

❶ パソコンが <u>うごかなく</u> なりました。
　　1　働かなく　　　2　動かなく　　　3　通かなく　　　4　運かなく

❷ <u>こんしゅう</u>は 雨の 日が 多いです。
　　1　今週　　　　　2　今周　　　　　3　合週　　　　　4　合周

❸ えきは いえから <u>とおい</u> ところに あります。
　　1　近い　　　　　2　送い　　　　　3　進い　　　　　4　遠い

もんだい3　（ ）に なにを いれますか。いちばん いい ものを ひとつ えらんで ください。

❶ 31日までに 電話代を （　　　）なければ なりません。
　　1　よら　　　　　2　とどけ　　　　3　えらば　　　　4　はらわ

❷ この にくは とても （　　　）です。
　　1　ふかい　　　　2　やわらかい　　3　ただしい　　　4　きびしい

8

❸ A「ただいま。」
　B「(　　　)。」
　　1　おじゃまします　　　　　　2　しつれいします
　　3　よくいらっしゃいました　　4　おかえりなさい

❹ りょうりを している とき、(　　) を 切って しまいました。
　　1　ゆび　　　2　ひげ　　　3　かみ　　　4　けが

❺ この さらは (　　　) で できて います。
　　1　ボタン　　2　ガラス　　3　ゴム　　4　ガス

もんだい4　＿＿の ぶんと だいたい おなじ いみの ぶんを ひとつ えらんで ください。

❶ かないは いま 出かけて います。
　　1　母は いま 出かけて います。
　　2　姉は いま 出かけて います。
　　3　つまは いま 出かけて います。
　　4　むすめは いま 出かけて います。

❷ あっ、服が よごれて いる。
　　1　あっ、服が きたなく なって いる。
　　2　あっ、服が ぬれて いる。
　　3　あっ、服が かたづいて いる。
　　4　あっ、服が かわいて いる。

もんだい5　つぎの ことばの つかいかたで いちばん いい ものを ひとつ えらんで ください。

❶ すばらしい
　　1　すばらしい じこが あって、たくさんの 人が しにました。
　　2　ねぼうするのは、すばらしいですから 気をつけて ください。
　　3　父の 病気は すばらしく なって います。
　　4　この 英語の じしょは すばらしいと 思います。

❷ しかた
　　1　この コピーきの しかたが わかりません。
　　2　父は そうじの しかたも わかりません。
　　3　スマホで えきまでの しかたを しらべました。
　　4　きのうの じこの しかたは、はっきりして いません。

Part 1 実戦ドリル 文字・語彙

第2回

10分　/17

もんだい1　＿＿の ことばは ひらがなで どう かきますか。ひとつ えらんで ください。

❶ 彼女は いつも 明るい 色の 服を 着て います。
　1　あけるい　　　2　あきるい　　　3　あかるい　　　4　あするい

❷ この 県では みかんを たくさん 作って います。
　1　けん　　　　　2　まち　　　　　3　し　　　　　　4　しょう

❸ あついので かみを 短く しました。
　1　すずしく　　　2　みじかく　　　3　ひくく　　　　4　つめたく

❹ この パーティーには 100人の 人が 招待されて います。
　1　しょたい　　　2　しょかい　　　3　しょうかい　　4　しょうたい

❺ ここに 住所を 書いて ください。
　1　じゅうしょ　　2　じゅうしょう　3　じゅしょ　　　4　じゅしょう

もんだい2　＿＿の ことばは どう かきますか。ひとつ えらんで ください。

❶ あには テニスを して いるので うでが ふといです。
　1　木い　　　　　2　犬い　　　　　3　大い　　　　　4　太い

❷ しけんの 時間が 短くて、ゆっくり かんがえられませんでした。
　1　意え　　　　　2　思え　　　　　3　考え　　　　　4　理え

❸ にわの いけで 魚を かって います。
　1　池　　　　　　2　川　　　　　　3　海　　　　　　4　水

もんだい3　（　）に なにを いれますか。いちばん いい ものを ひとつ えらんで ください。

❶ ここに 大きい こうえんを 作る（　　　）が あります。
　1　しゅうかん　　2　けいかく　　　3　もくてき　　　4　ちゅうい

❷ ごはんを 食べた あと、はを （　　　）。
　1　みがきます　　2　そうじします　3　あらいます　　4　かたづけます

10

❸ 毎日 運動を したら、1カ月で 3キロ (　　　)。
　1 とりました　　2 にげました　　3 すてました　　4 やせました

❹ 答えを まちがえて、(　　　)かったです。
　1 うつくし　　2 はずかし　　3 うれし　　4 さびし

❺ (　　　) そぼに 会って いません。
　1 まず　　2 やっと　　3 しばらく　　4 たまに

もんだい4　___の ぶんと だいたい おなじ いみの ぶんを ひとつ えらんで ください。

❶ コーヒーが つめたく なって しまいました。
　1 コーヒーが へって しまいました。
　2 コーヒーが さめて しまいました。
　3 コーヒーが きえて しまいました。
　4 コーヒーが わいて しまいました。

❷ この 名前は あまり ないですね。
　1 この 名前は ふくざつですね。
　2 この 名前は じゆうですね。
　3 この 名前は こまかいですね。
　4 この 名前は めずらしいですね。

もんだい5　つぎの ことばの つかいかたで いちばん いい ものを ひとつ えらんで ください。

❶ よろこぶ
　1 わたしは ケーキが よろこびます。
　2 母に 花を あげたら、とても よろこびました。
　3 友だちと カラオケに 行くのは よろこんで います。
　4 あの 映画は とても よろこびました。

❷ サイズ
　1 白じゃ なくて、ほかの サイズは ありませんか。
　2 どんな サイズの 音楽が すきですか。
　3 これは 少し 大きいですね。Sサイズの ほうが いいです。
　4 いえで 洗える ふくと 洗えない ふくの 2つの サイズが あります。

Part 1 実戦ドリル 文字・語彙

第3回

10分　　/17

もんだい1 ＿＿の ことばは ひらがなで どう かきますか。ひとつ えらんで ください。

❶ たくさんの 人が 日本語を 学習して います。
　1　がくしゅう　　2　かくしゅう　　3　がくしゅ　　4　かくしゅ

❷ この 人の 名前は 知りません。
　1　ちりません　　2　ぢりません　　3　しりません　　4　じりません

❸ 今日の 仕事は 大体 終わりました。
　1　たいたい　　2　たいだい　　3　だいたい　　4　だいだい

❹ この レストランでは、世界中の ワインを 楽しむ ことが できます。
　1　せいか　　2　せいかい　　3　せか　　4　せかい

❺ 好きな 食べ物は 何ですか。
　1　じゅき　　2　すき　　3　つき　　4　ちゅき

もんだい2 ＿＿の ことばは どう かきますか。ひとつ えらんで ください。

❶ この ちかくに 小さい むらが あります。
　1　町　　2　村　　3　区　　4　市

❷ さいふを 忘れて、友だちに お金を かして もらいました。
　1　代して　　2　借して　　3　貸して　　4　使して

❸ この つくえは おもくて 動きません。
　1　多くて　　2　重くて　　3　長くて　　4　強くて

もんだい3 （　）に なにを いれますか。いちばん いい ものを ひとつ えらんで ください。

❶ 説明が（　　）で、よく わかりませんでした。
　1　ふくざつ　　2　さかん　　3　だいじ　　4　ねっしん

❷ ハンバーガーと 飲み物が（　　）で、500円です。
　1　ホット　　2　チェック　　3　セット　　4　カップ

❸ こうつうルールを（　　　）ない 人が 多くて、あぶないです。
　　1　なれ　　　　2　まもら　　　　3　しんじ　　　　4　つたえ

❹ やまださんは 会社を 休んで いますが、何も（　　　）が ありません。
　　1　れんらく　　2　あんない　　　3　はいたつ　　　4　ほうそう

❺ A「これ、コピーして もらえますか。」
　B「（　　　）。」
　　1　お待たせしました　　　　　　　2　こちらこそ
　　3　おだいじに　　　　　　　　　　4　かしこまりました

もんだい4　＿＿の ぶんと だいたい おなじ いみの ぶんを ひとつ えらんで ください。

❶ テレビが こわれました。
　　1　テレビが ちゅうしします。
　　2　テレビが しょうちしました。
　　3　テレビが しっぱいしました。
　　4　テレビが こしょうしました。

❷ 人口が すくなく なって います。
　　1　人口が おちて います。
　　2　人口が やめて います。
　　3　人口が へって います。
　　4　人口が のこって います。

もんだい5　つぎの ことばの つかいかたで いちばん いい ものを ひとつ えらんで ください。

❶ おぼえる
　　1　子どもの ころの ことを よく おぼえて います。
　　2　先生の せつめいを ノートに おぼえました。
　　3　わからない ことは インターネットで おぼえます。
　　4　けいたい電話に 200の ばんごうを おぼえて います。

❷ やっと
　　1　しゅうまつは でかけないで、やっと いえに いました。
　　2　4時間の かいぎが やっと おわりました。
　　3　しごとが いそがしくて、やっと あそびに 行けません。
　　4　わたしは いえで やっと りょうりを 作りません。

Part 1 実戦ドリル 文字・語彙

第4回

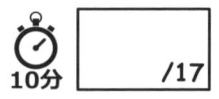
10分　　/17

もんだい1　＿＿の ことばは ひらがなで どう かきますか。ひとつ えらんで ください。

❶ あの 赤い ふくを 着ている 人が 中村さんです。
　　1　あかるい　　2　あたたかい　　3　あかい　　4　あつい

❷ おそくなったので、えきまで 走って 行きました。
　　1　のって　　2　はしって　　3　まわって　　4　おくって

❸ 日よう日に 動物えんに あそびに 行きました。
　　1　どんぶつ　　2　どうぶつ　　3　どんぷつ　　4　どうぷつ

❹ 毎日 長い 時間 スマホを 見ていたら 目が 悪く なって しまいました。
　　1　わるく　　2　わろく　　3　あく　　4　あいく

❺ この ネクタイは どんな スーツにも 合います。
　　1　こいます　　2　ごいます　　3　おいます　　4　あいます

もんだい2　＿＿の ことばは どう かきますか。ひとつ えらんで ください。

❶ 毎日 会社まで あるいて 行って います。
　　1　通いて　　2　進いて　　3　走いて　　4　歩いて

❷ むすこは しょうらい いしゃに なりたいと 言って います。
　　1　医者　　2　医生　　3　医人　　4　医師

❸ かぎを なくしたが、しんせつな 人が 届けて くれました。
　　1　親節　　2　新節　　3　親切　　4　新切

もんだい3　(　)に なにを いれますか。いちばん いい ものを ひとつ えらんで ください。

❶ (　　　)な しょるいを なくしてしまいました。
　　1　じゆう　　2　だいじ　　3　しんせつ　　4　てきとう

❷ あしたは (　　　) 早く いえに かえりましょう。
　　1　なかなか　　2　できるだけ　　3　それほど　　4　だいぶ

❸ わたしは あの 人と（　　　）が 合いません。
　　1　さんせい　　　2　りゆう　　　3　げんいん　　　4　いけん

❹ 毎週 水よう日に ごみを（　　　）。
　　1　へらします　　2　けします　　3　すてます　　4　まもります

❺ 山田先生は れきしの（　　　）を して います。
　　1　けんきゅう　　2　きょうみ　　3　かっこう　　4　ようじ

もんだい4　___の ぶんと だいたい おなじ いみの ぶんを ひとつ えらんで ください。

❶ この 店の すしは うまいです。
　　1　この 店の すしは ひどいです。
　　2　この 店の すしは ただしいです。
　　3　この 店の すしは おかしいです。
　　4　この 店の すしは おいしいです。

❷ この 映画は ちっとも おもしろくないです。
　　1　この 映画は だいたい おもしろくないです。
　　2　この 映画は しっかり おもしろくないです。
　　3　この 映画は ぜんぜん おもしろくないです。
　　4　この 映画は もちろん おもしろくないです。

もんだい5　つぎの ことばの つかいかたで いちばん いい ものを ひとつ えらんで ください。

❶ 料金
　　1　さいふを わすれたので、友だちに 料金を かして もらいました。
　　2　1万円 出して、3,000円の 料金を もらいました。
　　3　この 国は タクシーの 料金が 安いです。
　　4　この ふくの 料金は 7,500円です。

❷ やめる
　　1　兄は 仕事を やめて 留学する ことに した。
　　2　さむいので エアコンを やめて ください。
　　3　夕方に なって やっと 雨が やめた。
　　4　じこで 1時間 前から 電車が やめて いる。

Part 1 実戦ドリル 文字・語彙

第5回

10分　/17

もんだい1　＿＿の ことばは ひらがなで どう かきますか。ひとつ えらんで ください。

❶ いえの にわに たくさんの 鳥が 来ます。
　1　ねこ　　　　2　とり　　　　3　いぬ　　　　4　さかな

❷ 観光の ために、日本へ 来ました。
　1　がんごう　　2　がんこう　　3　かんごう　　4　かんこう

❸ 大事な ことなので、メモを しました。
　1　だいじ　　　2　たいじ　　　3　おおこと　　4　おおごと

❹ その 人には 一度だけ 会った ことが あります。
　1　いど　　　　2　いちど　　　3　いっど　　　4　いつど

❺ 2年前に この しごとを 始めました。
　1　しめ　　　　2　じめ　　　　3　はじめ　　　4　はしめ

もんだい2　＿＿の ことばは どう かきますか。ひとつ えらんで ください。

❶ ひろい へやに ひっこしました。
　1　近い　　　　2　広い　　　　3　短い　　　　4　暑い

❷ あしたの ひるに 電話します。
　1　夜　　　　　2　昼　　　　　3　朝　　　　　4　夕

❸ ちょっと CDを とめて ください。
　1　終めて　　　2　死めて　　　3　切めて　　　4　止めて

もんだい3　（　）に なにを いれますか。いちばん いい ものを ひとつ えらんで ください。

❶ 雨が ふって いるので、洗たくした ものが（　　　）。
　1　とどきません　2　かたづきません　3　かわきません　4　ひろいません

❷ テレビの （　　　）を とって ください。
　1　セール　　　2　アニメ　　　3　テキスト　　4　リモコン

❸ けいたい電話に メールが 届くと 音が （　　　）。
　　1　わきます　　2　うちます　　3　つきます　　4　なります

❹ テストで いい てんを とって （　　　）かったです。
　　1　さびし　　2　うれし　　3　おかし　　4　きびし

❺ かばん（　　　）は 何かいですか。
　　1　うりば　　2　うけつけ　　3　かいじょう　　4　いりぐち

もんだい4　＿＿の ぶんと だいたい おなじ いみの ぶんを ひとつ えらんで ください。

❶ かぜは だいぶ よくなった。
　　1　かぜは 少し よくなった。
　　2　かぜは まあまあ よくなった。
　　3　かぜは ずいぶん よくなった。
　　4　かぜは やっぱり よくなった。

❷ 新しい パソコンを 買おうと 思って います。
　　1　新しい ビデオを 買おうと 思って います。
　　2　新しい コンピューターを 買おうと 思って います。
　　3　新しい スマホを 買おうと 思って います。
　　4　新しい インターネットを 買おうと 思って います。

もんだい5　つぎの ことばの つかいかたで いちばん いい ものを ひとつ えらんで ください。

❶ だいたい
　　1　日本語が だいたい じょうずに なってきました。
　　2　いつもは あまり 飲みませんが、だいたい おさけを 飲みます。
　　3　その 店には だいたい 行った ことが ありません。
　　4　今日の しごとは だいたい おわりました。

❷ じゃま
　　1　さっきから 外で じゃまな 音が します。
　　2　この いすは じゃまなので、むこうに おきましょう。
　　3　この せつめいは じゃまで よく わかりません。
　　4　1時間で この 本を ぜんぶ 読むのは じゃまだと 思います。

Part 1 実戦ドリル 文字・語彙

第6回

10分　　/17

もんだい1　＿＿の ことばは ひらがなで どう かきますか。ひとつ えらんで ください。

❶ 毎日 運動して います。
　1 うんとう　　2 うんどう　　3 うんと　　4 うんど

❷ 最近、とても 家族に 会いたいです。
　1 かそく　　2 かぞく　　3 けそく　　4 けぞく

❸ この はこは 重いです。
　1 あさい　　2 ふかい　　3 かるい　　4 おもい

❹ らいしゅう、日本語の 試験が あります。
　1 しけん　　2 じけん　　3 しげん　　4 じげん

❺ やまださんは 力が あります。
　1 ちから　　2 おかね　　3 くるま　　4 ゆびわ

もんだい2　＿＿の ことばは どう かきますか。ひとつ えらんで ください。

❶ あそこは ゆうめいな 店です。
　1 夕名　　2 夕明　　3 有名　　4 有明

❷ あしたも しごとです。
　1 士事　　2 仕事　　3 私書　　4 私事

❸ たなか先生に ピアノを ならって います。
　1 羽って　　2 泊って　　3 伯って　　4 習って

もんだい3　（　）に なにを いれますか。いちばん いい ものを ひとつ えらんで ください。

❶ スピーチたいかいで しっぱいして、とても（　　　）です。
　1 ねむかった　　2 にがかった　　3 きもちよかった　　4 はずかしかった

❷ きのうから、雨が（　　　）ふって います。
　1 できるだけ　　2 すっかり　　3 はっきり　　4 ずっと

18

❸ 仕事で たいへんな (　　) を して しまって、部長に とても しかられました。
　　1　ガム　　　　　2　チェック　　　3　スーツ　　　　4　ミス

❹ 1000円 はらわなければ なりませんが、100円 (　) でした。
　　1　おもいだしません　　　　　2　たりません
　　3　まちがえません　　　　　　4　ぬすみません

❺ わたしは 毎日、その 日に 勉強する ことを (　　) してから、じゅぎょうに 出ます。
　　1　よしゅう　　2　しけん　　3　ふくしゅう　　4　よてい

もんだい4　___の ぶんと だいたい おなじ いみの ぶんを ひとつ えらんで ください。

❶ パソコンが おかしいです。
　　1　パソコンが きれいです。
　　2　パソコンが いいです。
　　3　パソコンが たかいです。
　　4　パソコンが へんです。

❷ けっこんしきに しょうたいしました。
　　1　けっこんしきに 行きました。
　　2　けっこんしきに よびました。
　　3　けっこんしきの じゅんびを しました。
　　4　けっこんしきの 日を きめました。

もんだい5　つぎの ことばの つかいかたで いちばん いい ものを ひとつ えらんで ください。

❶ きえる
　　1　あめが きえたら、買い物に 行きましょう。
　　2　テーブルの 上の ものを、ぜんぶ きえて ください。
　　3　店の でんきが きえて いるから、しまって いると 思います。
　　4　みんなで 食べたので、おかしは もう ぜんぶ きえました。

❷ しばらく
　　1　びょうきが よくなるまで、しばらく 休んだ ほうが いいですよ。
　　2　テストの てんが、こんかいは しばらく 上がった。
　　3　わたしの うちから 駅までは、しばらく 遠い。
　　4　一日中 そうじを したので、しばらく きれいに なりました。

Part 1 実戦ドリル 文字・語彙

第7回

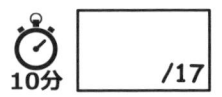

もんだい1　___の ことばは ひらがなで どう かきますか。ひとつ えらんで ください。

❶ それは、とても むずかしい 問題です。
　1　もたい　　　2　もだい　　　3　もんたい　　　4　もんだい

❷ あした、わたしの 姉が あそびに 来ます。
　1　あに　　　2　あね　　　3　おとうと　　　4　いもうと

❸ ひだりの みちを 進みましょう。
　1　たのみましょう　2　すすみましょう　3　よみましょう　4　ふみましょう

❹ 太い ペンで 字を 書きます。
　1　ふとい　　　2　ながい　　　3　ほそい　　　4　みじかい

❺ あしたから 旅行の よていです。
　1　りょこ　　　2　りょこう　　　3　りょうこ　　　4　りょうこう

もんだい2　___の ことばは どう かきますか。ひとつ えらんで ください。

❶ えいごが はなせません。
　1　映五　　　2　映語　　　3　英五　　　4　英語

❷ もうすぐ、えいがが はじまりますよ。
　1　市まります　2　姉まります　3　台まります　4　始まります

❸ かぜが つよいですね。
　1　強い　　　2　長い　　　3　弱い　　　4　早い

もんだい3　（　）に なにを いれますか。いちばん いい ものを ひとつ えらんで ください。

❶ 走ったら、50分の バスに （　　）。
　1　すべります　2　あがります　3　がんばります　4　まにあいます

❷ この ふく、（　　）で とても やすかったんです。
　1　セール　　　2　ベル　　　3　ルール　　　4　タオル

20

❸ さいふを （　　　） ので、こうばんに もって いきました。
　　1　なくなった　　2　ひろった　　3　さがした　　4　おとした

❹ しょうらいの （　　　） は、じぶんの 店を もつ ことです。
　　1　ゆめ　　2　おいわい　　3　きぶん　　4　けしき

❺ わたしの 大切な そふが なくなって、ほんとうに （　　　） です。
　　1　かなしい　　2　すごい　　3　ふかい　　4　くらい

もんだい4　___の ぶんと だいたい おなじ いみの ぶんを ひとつ えらんで ください。

❶ ひろい キッチンが ほしいです。
　　1　ひろい へやが ほしいです。
　　2　ひろい おふろが ほしいです。
　　3　ひろい つくえが ほしいです。
　　4　ひろい だいどころが ほしいです。

❷ うちで ふくしゅうします。
　　1　うちで もういちど べんきょうします。
　　2　うちで 夜 ねます。
　　3　うちで いそいで そうじします。
　　4　うちで りょうりを 作ります。

もんだい5　つぎの ことばの つかいかたで いちばん いい ものを ひとつ えらんで ください。

❶ まんなか
　　1　みちの まんなかで、車が うごかなく なりました。
　　2　パスポートは、つくえの まんなかに 入れて います。
　　3　わたしの うちは、コンビニと かわの まんなかに あります。
　　4　しごとを して いる まんなかに、あめが ふって いた。

❷ すく
　　1　おなかが すいたので、レストランに 行きました。
　　2　きょうは かばんが すいていて、かるいです。
　　3　大学は いま 夏休みで、学生が すいて いました。
　　4　この ノートは まだ あまり つかって いないので、すいて います。

Part 1 実戦ドリル 文字・語彙

第8回

もんだい1 ＿＿の ことばは ひらがなで どう かきますか。ひとつ えらんで ください。

❶ わたしの 主人は アメリカ人です。
　　1　しゅしん　　2　しゅじん　　3　じゅしん　　4　じゅじん

❷ まいあさ、パンを たべて、牛乳を のみます。
　　1　きゅにゅ　　2　きゅうにゅ　　3　ぎゅにゅう　　4　ぎゅうにゅう

❸ やまださんが、つかいかたを 説明して くれました。
　　1　せつめ　　2　せつめい　　3　せっめ　　4　せっめい

❹ あの みせは、いい 品物を うって います。
　　1　しょうひん　　2　しなもの　　3　ようふく　　4　ねだん

❺ 娘を とても 心配して います。
　　1　じんぱい　　2　じんはい　　3　しんばい　　4　しんぱい

もんだい2 ＿＿の ことばは どう かきますか。ひとつ えらんで ください。

❶ わたしの いぬは、きょねん びょうきで しにました。
　　1　死にました　　2　子にました　　3　亡にました　　4　市にました

❷ これは とくべつな カバンです。
　　1　得別な　　2　特別な　　3　得所な　　4　特所な

❸ あの 山から 見える けしきは、とても きれいです。
　　1　憬式　　2　景式　　3　憬色　　4　景色

もんだい3 （　）に なにを いれますか。いちばん いい ものを ひとつ えらんで ください。

❶ 日ようび（　　　）の 日は、毎日 しごとを して います。
　　1　いがい　　2　いか　　3　いない　　4　いじょう

❷ この パソコンは 10年 つかいましたが、（　　　）こわれて しまいました。
　　1　とうとう　　2　ようやく　　3　たいてい　　4　やっと

❸ 3回 試験を（　　　）、やっと 合格しました。
　　1　うけて　　　2　かんがえて　　　3　かいて　　　4　なれて

❹ 電車が おくれた（　　　）は、となりの 駅の じこだそうです。
　　1　おしらせ　　2　ぐあい　　　3　ようじ　　　4　りゆう

❺ きのうの（　　　）で、となりの 家が ぜんぶ もえて しまいました。
　　1　おゆ　　　2　たいふう　　　3　りょうり　　　4　かじ

もんだい4　＿＿の ぶんと だいたい おなじ いみの ぶんを ひとつ えらんで ください。

❶ かぜを ひきましたが、もう なおりました。
　　1　かぜを ひきましたが、もう 元気に なりました。
　　2　かぜを ひきましたが、学校は 休みません。
　　3　かぜを ひきましたが、もう びょういんへ 行きました。
　　4　かぜを ひきましたが、まだ しごとを して います。

❷ パソコンは ふくざつです。
　　1　パソコンは おもしろいです。
　　2　パソコンは 高いです。
　　3　パソコンは きれいです。
　　4　パソコンは むずかしいです。

もんだい5　つぎの ことばの つかいかたで いちばん いい ものを ひとつ えらんで ください。

❶ せわ
　　1　うちの いぬの せわは、いつも そぼが して います。
　　2　にもつが おもかったので、たなかさんに せわして もらいました。
　　3　先週の にちようびは、へやの せわを しました。
　　4　エアコンの ちょうしが よくないので、こんど せわを しましょう。

❷ もっとも
　　1　母の りょうりで もっとも すきなのは、スープです。
　　2　こんかいの テストは、クラスで わたしが もっともでした。
　　3　朝 起きたら、もっとも かおを あらいます。
　　4　たなの もっともに、とけいを おきました。

Part 1 実戦ドリル　文字・語彙

第9回

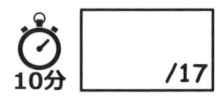

もんだい1　＿＿の ことばは ひらがなで どう かきますか。ひとつ えらんで ください。

❶ けいざいを 研究して います。
　　1　けんくう　　　2　げんくう　　　3　けんきゅう　　　4　げんきゅう

❷ それは もう 過去の ことです。
　　1　かこ　　　　2　みらい　　　　3　しょうらい　　　4　きょう

❸ さっき、売店で パンを かいました。
　　1　はいてん　　　2　はいでん　　　3　ばいてん　　　　4　ぱいてん

❹ その 日は 都合が わるいんです。
　　1　つこう　　　　2　つごう　　　　3　つっこう　　　　4　つっごう

❺ もうすぐ 着きますから、待って いて ください。
　　1　いきます　　　2　かきます　　　3　おきます　　　　4　つきます

もんだい2　＿＿の ことばは どう かきますか。ひとつ えらんで ください。

❶ 山の しゃしんを とります。
　　1　社真　　　　　2　捨新　　　　　3　写真　　　　　　4　車新

❷ ワンさんは しんせつな 人です。
　　1　親切　　　　　2　新切　　　　　3　親説　　　　　　4　新説

❸ この みちは せまいので、バスが とおれません。
　　1　通れません　　2　走れません　　3　道れません　　　4　足れません

もんだい3　（　）に なにを いれますか。いちばん いい ものを ひとつ えらんで ください。

❶ うちの 近くに、コンビニが（　　　　）。
　　1　たてました　　2　できました　　3　はじまりました　4　ひっこしました

❷ やまだ先生は、とても（　　　　）先生です。
　　1　かんたんな　　2　さかんな　　　3　ねっしんな　　　4　ふべんな

24

❸ (　　　) が 小さくて、着られませんでした。
　　1　サイズ　　　2　セット　　　3　タオル　　　4　スーツケース

❹ 会社に 行く (　　　) に、おいしい レストランが あります。
　　1　せん　　　2　ながさ　　　3　とちゅう　　　4　あいだ

❺ この まちの 外国人の かずは、10年前の 2 (　　　) に ふえました。
　　1　ばい　　　2　おく　　　3　かい　　　4　しゅう

もんだい4　___の ぶんと だいたい おなじ いみの ぶんを ひとつ えらんで ください。

❶ 学校を しゅっぱつしました。
　　1　学校を でました。
　　2　学校を きめました。
　　3　学校へ 行きました。
　　4　学校へ れんらくしました。

❷ てんいんに 聞きました。
　　1　学校の 先生に 聞きました。
　　2　店の 人に 聞きました。
　　3　ともだちに 聞きました。
　　4　ぶちょうに 聞きました。

もんだい5　つぎの ことばの つかいかたで いちばん いい ものを ひとつ えらんで ください。

❶ かよう
　　1　かぜですから、きょう びょういんに かよいます。
　　2　いもうとは、きのう 中学校に かよって います。
　　3　ときどき コンビニの アルバイトに かよって います。
　　4　わたしは バスで しごとに かよって います。

❷ このごろ
　　1　このごろ いそがしくて、あまり ねられません。
　　2　たなかさんは このごろ 来ますから、もう ちょっと まって ください。
　　3　きょう、このごろ、えきで ワンさんに 会いましたよ。
　　4　あ、このごろ 時間なので、しつれいします。

Part 1 実戦ドリル　文字・語彙

第10回

10分　　／17

もんだい1　＿＿の ことばは ひらがなで どう かきますか。ひとつ えらんで ください。

❶ にちようびは 試合です。
　　1　しあい　　　2　じあい　　　3　しあう　　　4　じあう

❷ まいにち、工場で アルバイトを して います。
　　1　こしょう　　2　こじょ　　　3　こうじょう　4　ごうじょう

❸ とうきょうの 地図を かいました。
　　1　じす　　　　2　じず　　　　3　ちす　　　　4　ちず

❹ ちょっと 作業を しなければ なりません。
　　1　さきょう　　2　さぎょう　　3　さくきょう　4　さくぎょう

❺ 昼、おいしい おかしを たべました。
　　1　ゆう　　　　2　あさ　　　　3　ひる　　　　4　よる

もんだい2　＿＿の ことばは どう かきますか。ひとつ えらんで ください。

❶ きぶんが わるいです。
　　1　弱い　　　　2　熱い　　　　3　悪い　　　　4　重い

❷ たなかさんは おんがくが すきです。
　　1　音学　　　　2　音楽　　　　3　青学　　　　4　青楽

❸ みなさん、きょうしつに あつまって ください。
　　1　業まって　　2　乗まって　　3　菜まって　　4　集まって

もんだい3　( )に なにを いれますか。いちばん いい ものを ひとつ えらんで ください。

❶ そぼは びょうきでしたが、元気に なって ( ) する ことが できました。
　　1　たいいん　　2　ゆにゅう　　3　にゅういん　4　けいけん

❷ きょうは、たなかさんが びょうきなので、わたしが ( ) アルバイトへ 行きます。
　　1　しんせつに　2　かわりに　　3　たまに　　　4　おわりに

❸ ははが 作る りょうりの （　　　）が、いちばん 好きです。
　　1　おと　　　　2　あじ　　　　3　きもち　　　　4　きぶん

❹ 一週間 学校を 休みましたが、もう （　　　）元気に なりました。
　　1　きっと　　　2　すっかり　　　3　なかなか　　　4　もっとも

❺ 今は 学生で お金が ありませんが、（　　　）、はたらいて たくさん ちょきんを したいです。
　　1　しょうらい　　2　さいきん　　　3　チャンス　　　4　けいかく

もんだい4　___の ぶんと だいたい おなじ いみの ぶんを ひとつ えらんで ください。

❶ この まちの じんこうが しりたいです。
　　1　この まちの 人の かずが しりたいです。
　　2　この まちの 名前が しりたいです。
　　3　この まちの ゆうめいな 駅が しりたいです。
　　4　この まちの しやくしょの ばしょが しりたいです。

❷ ことしの はる、そつぎょうします。
　　1　ことしの はる、学校を でます。
　　2　ことしの はる、はなみを します。
　　3　ことしの はる、りょこうに 行きます。
　　4　ことしの はる、しんかんせんに のります。

もんだい5　つぎの ことばの つかいかたで いちばん いい ものを ひとつ えらんで ください。

❶ かける
　　1　たなの 上に、本を かけました。
　　2　いつも、コーヒーに ミルクを かけます。
　　3　きょうは あつい から、ぼうしを かけて 出かけよう。
　　4　ソースを かけて 食べると、おいしいですよ。

❷ なくす
　　1　字を まちがえたので、なくして もう 一度 書きました。
　　2　コーヒーは、さとうを なくして 飲みます。
　　3　かぎを なくして、いえに 入れませんでした。
　　4　3人で 食べたら、全部 なくしました。

Part 1 実戦ドリル 文字・語彙

第11回

もんだい1　＿＿の ことばは ひらがなで どう かきますか。ひとつ えらんで ください。

❶ あしたは てんきが 悪い そうです。
 1 おもい　　　2 いい　　　3 わるい　　　4 かるい

❷ これ 以上 にもつは もてません。
 1 いっじょ　　2 いじょ　　3 いうえ　　　4 いじょう

❸ コンサートで きれいな 音楽を 聞きました。
 1 おがく　　　2 おうらく　3 おっがく　　4 おんがく

❹ ほしが たくさん 光って います。
 1 ひかって　　2 はしって　3 おくって　　4 あがって

❺ 映画館の となりに デパートが あります。
 1 えいかかん　2 えいがかん　3 えっかがん　4 えっがかん

もんだい2　＿＿の ことばは どう かきますか。ひとつ えらんで ください。

❶ アフリカの ちずを みています。
 1 場国　　　　2 池国　　　3 地図　　　　4 海図

❷ この へやは くらい ですね。
 1 曜い　　　　2 暗い　　　3 映い　　　　4 明い

❸ ドアを あけて ください。
 1 開けて　　　2 門けて　　3 問けて　　　4 明けて

もんだい3　（　）に なにを いれますか。いちばん いい ものを ひとつ えらんで ください。

❶ きのうは （　　　　）が わるかったので、学校を 休みました。
 1 きそく　　　2 かたち　　3 ぐあい　　　4 におい

❷ どうぞ、（　　　　）しつもん してください。
 1 どんどん　　2 ぜんぜん　3 ほとんど　　4 どきどき

❸ はが いたい ときは（　　　）ものを たべた ほうが いいですよ。
　　1　よろしい　　　2　ふかい　　　3　はずかしい　　　4　やわらかい

❹ いまから でかけて（　　　）でしょうか。
　　1　なくなる　　　2　とりかえる　　　3　まにあう　　　4　つとめる

❺ やまの 中なので ケータイが（　　　）。
　　1　あんないしません　　　　　　2　つながりません
　　3　かくにんしません　　　　　　4　たずねません

もんだい4　＿＿の ぶんと だいたい おなじ いみの ぶんを ひとつ えらんで ください。

❶ あしたの ごご、とどけます。
　　1　あしたの ごご、とりに きて ください。
　　2　あしたの ごご、もって いきます。
　　3　あしたの ごご、とりに いきます。
　　4　あしたの ごご、かいものに いきます。

❷ 学校で べんきょうした ことを ふくしゅうしました。
　　1　学校で べんきょうした ことを もう いちど べんきょうしました。
　　2　学校で わからなかった ことを おしえて もらいました。
　　3　学校で べんきょうする ことを じぶんで しらべました。
　　4　学校で べんきょうした ことを 友だちに おしえました。

もんだい5　つぎの ことばの つかいかたで いちばん いい ものを ひとつ えらんで ください。

❶ くばる
　　1　おもちゃを むすこに くばりました。
　　2　おかしを みんなに くばりました。
　　3　先生は わたしに じてんを くばりました。
　　4　タクシーで 友だちを くばりました。

❷ りょうきん
　　1　ケータイの りょうきんは コンビニで はらいます。
　　2　つくえの 上に おいて おいた りょうきんが なくなりました。
　　3　あの レストランは りょうきんが やすくて おいしいです。
　　4　せいかつの りょうきんは 国から おくって もらいます。

Part 1 実戦ドリル 文字・語彙

第12回

10分　　/17

もんだい1 ＿＿の ことばは ひらがなで どう かきますか。ひとつ えらんで ください。

❶ ねつが でたので、医者に みて もらいました。
　　1　いいしゃ　　　2　いっしゃ　　　3　いしゃ　　　4　いっじゃ

❷ きのうの パーティーは 楽しかったです。
　　1　うれしかった　　2　たのしかった　　3　ほしかった　　4　ただしかった

❸ 「〜たい」を つかって 短い ぶんを かいて ください。
　　1　みじかい　　　2　ながい　　　3　あかるい　　　4　つよい

❹ 交通ルールを まもりましょう。
　　1　こっつう　　　2　こうつう　　　3　こうつ　　　4　ごつう

❺ わたしは ふるい お金を 集めて います。
　　1　あつめて　　　2　はじめて　　　3　とめて　　　4　きめて

もんだい2 ＿＿の ことばは どう かきますか。ひとつ えらんで ください。

❶ じゅぎょうが おわりました。
　　1　代わり　　　2　終わり　　　3　紙わり　　　4　冬わり

❷ にちようびは 12じから 5じまで はたらきます。
　　1　動き　　　2　起き　　　3　働き　　　4　開き

❸ わたしの あには かいしゃいんです。
　　1　会者員　　　2　回者員　　　3　会社員　　　4　開社員

もんだい3 （　）に なにを いれますか。いちばん いい ものを ひとつ えらんで ください。

❶ じゅぎょうを 休むときは （　　　）して ください。
　　1　れんらく　　　2　よやく　　　3　やくそく　　　4　たいいん

❷ どうぞ （　　　）しないで 食べて ください。
　　1　あんしん　　　2　えんりょ　　　3　きょういく　　　4　しつれい

❸ カタカナが（　　　）おぼえられません。
　　1　さかんに　　　2　なかなか　　　3　ざんねん　　　4　やっと

❹ かれは「こんどは　かならず　100てんを　とります」と（　　　）いいました。
　　1　ぜひ　　　　　2　きっと　　　　3　なるべく　　　4　はっきり

❺ いろいろな　店で　たべましたが、（　　　）この　店が　いちばん　おいしいです。
　　1　とうとう　　　2　もっとも　　　3　やっぱり　　　4　さっき

もんだい4　＿＿の　ぶんと　だいたい　おなじ　いみの　ぶんを　ひとつ　えらんで　ください。

❶ この　うえに　10キロいじょうの　ものを　おかないで　ください。
　　1　この　うえに　8キロの　ものを　おいては　いけません。
　　2　この　うえに　10キロの　ものを　おく　ことが　できます。
　　3　この　うえに　11キロの　ものを　おく　ことは　できません。
　　4　この　うえに　11キロの　ものを　おいても　いいです。

❷ ようふくは　しちゃくしてから　かいます。
　　1　ようふくは　かう　まえに　きません。
　　2　ようふくは　かってから　すぐ　きます。
　　3　ようふくは　かってから　きて　みます。
　　4　ようふくは　かう　まえに　きて　みます。

もんだい5　つぎの　ことばの　つかいかたで　いちばん　いい　ものを　ひとつ　えらんで　ください。

❶ きに　する
　　1　ここは　けしきが　いいので　きに　して　います。
　　2　かれは　ともだちに　いわれたことを　きに　して　います。
　　3　わたしは　としょかんの　本を　きに　して　います。
　　4　今日は　てんきが　よくて　きに　して　います。

❷ ひろう
　　1　すみません、たなの　ほんを　ひろって　ください。
　　2　まどが　よごれて　いましたので、ひろって　きれいに　しました。
　　3　かべの　ポスターを　いちまい　いちまい　ひろって　います。
　　4　にちようびは　友だちと　かいがんの　ごみを　ひろって　います。

Part 1 実戦ドリル　文字・語彙
第13回

10分　　/17

もんだい1　___の ことばは ひらがなで どう かきますか。ひとつ えらんで ください。

❶ わたしを 入れて 兄弟は 3にんです。
　　1　きょだい　　2　きょたい　　3　きょうだい　　4　きょったい

❷ らいしゅう 台風が くるそうです。
　　1　たっいほ　　2　たいふうん　　3　たいふう　　4　たっいほん

❸ わたしの ことは 心配しないで ください。だいじょうぶです。
　　1　しっぱい　　2　しっはい　　3　しんはい　　4　しんぱい

❹ ひるごはんは 大学の 食堂で たべます。
　　1　しょくどう　　2　しょっくどう　　3　しょくとう　　4　しょうくとう

❺ わたしの あには 日本の れきしを 研究して います。
　　1　けんきう　　2　けんきゅう　　3　けきゅう　　4　けっきゅう

もんだい2　___の ことばは どう かきますか。ひとつ えらんで ください。

❶ この まちは こうぎょうが さかんです。
　　1　土集　　2　工事　　3　工業　　4　土乗

❷ 時間が ありませんから、いそいで ください。
　　1　急いで　　2　意いで　　3　思いで　　4　悪いで

❸ きょうは じゅぎょうで さくぶんを かきました。
　　1　住文　　2　体夕　　3　作文　　4　低夕

もんだい3　(　)に なにを いれますか。いちばん いい ものを ひとつ えらんで ください。

❶ パーティーに どんな (　　) で 行きますか。
　　1　タイプ　　2　きかい　　3　かっこう　　4　こころ

❷ 友だちと やくそくした ことを (　　) わすれて しまった。
　　1　ゆっくり　　2　そろそろ　　3　すっかり　　4　ねっしんに

❸ (　　　) まちましたが、たなかさんは 来ませんでした。
　　1　しばらく　　　2　そろそろ　　　3　だいたい　　　4　もうすぐ

❹ しょくじの (　　　) が できました。
　　1　しかた　　　2　しごと　　　3　じしん　　　4　したく

❺ 電気と ガスを (　　　) りょうきんは 毎月 5千円ぐらいです。
　　1　たした　　　2　だした　　　3　たてた　　　4　たりた

もんだい4　___の ぶんと だいたい おなじ いみの ぶんを ひとつ えらんで ください。

❶ つくえの うえの ほんを ほんだなに かたづけました。
　　1　つくえの うえに ほんと ほんだなを おきました。
　　2　つくえの うえの ほんと ほんだなは うりました。
　　3　つくえの うえの ほんは ほんだなの なかに あります。
　　4　つくえの うえに ほんだなが あります。

❷ けさ ねぼうして しまいました。
　　1　あさ はやく おきて いました。
　　2　あさ おそく おきて しまいました。
　　3　よる はやく ねて しまいました。
　　4　よる おそくまで おきて いました。

もんだい5　つぎの ことばの つかいかたで いちばん いい ものを ひとつ えらんで ください。

❶ えらぶ
　　1　この スカートは 1万円で えらびました。
　　2　どろぼうは お金を えらびました。
　　3　おつりの 400円を さいふに えらびました。
　　4　わたしは 大きい ほうを えらびました。

❷ あやまる
　　1　やまかわさんは うそを ついた ことを あやまりました。
　　2　けいかんに みちを おしえて くださいと あやまりました。
　　3　おはようございますと いって あやまりました。
　　4　プレゼントを もらって ありがとうと あやまりました。

Part 1 実戦ドリル 文字・語彙

第14回

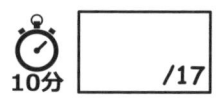

もんだい1　＿＿の ことばは ひらがなで どう かきますか。ひとつ えらんで ください。

❶ 車の 運転は できません。
　　1　うってん　　　2　うんて　　　3　うんでん　　　4　うんてん

❷ 牛肉と やさいを つかって りょうりを つくります。
　　1　ぎゅうにく　　2　ぎゅにく　　3　ぎゅっにく　　4　ぎゅうにっく

❸ 研究室の 本を かりました。
　　1　けんきゅしつ　　　　　　　　2　けきゅっしっつ
　　3　けきゅうしつ　　　　　　　　4　けんきゅうしつ

❹ この あたりは いなかで、のうぎょう いがいの 産業が ありません。
　　1　さぎょう　　　2　さんぎょう　　3　ざんきょう　　4　ざんきょ

❺ 雨が ふってきたので、しあいは 中止に なりました。
　　1　ちゅうし　　　2　ちゅっし　　　3　ちゅうじ　　　4　ちゅっじ

もんだい2　＿＿の ことばは どう かきますか。ひとつ えらんで ください。

❶ 今日の しけんは かんたんでした。
　　1　試験　　　　　2　試研　　　　　3　説件　　　　　4　説験

❷ ここは しの としょかんです。
　　1　市　　　　　　2　県　　　　　　3　町　　　　　　4　都

❸ 何か しつもんは ありませんか。
　　1　質門　　　　　2　員門　　　　　3　質問　　　　　4　員問

もんだい3　（　）に なにを いれますか。いちばん いい ものを ひとつ えらんで ください。

❶ しけんの ときは いつも （　　　）します。
　　1　さんせい　　　2　きんちょう　　3　こうじ　　　　4　せいさん

❷ げつようびから きんようびまで がっこうに （　　　）います。
　　1　かって　　　　2　かよって　　　3　かんで　　　　4　かんがえて

34

❸ こどもが ただしく じが かけたら (　　　) あげます。
　　1　れんしゅうして　2　ほめて　　　3　わすれて　　　4　ようして

❹ はじめて 来た まち だったので、みちに (　　　) しまいました。
　　1　かいて　　　　2　おりて　　　　3　まよって　　　4　ひろって

❺ (　　　) まで 船で 30分くらいです。
　　1　しゃかい　　　2　こうがい　　　3　しま　　　　　4　どうろ

もんだい4　___の ぶんと だいたい おなじ いみの ぶんを ひとつ えらんで ください。

❶ あしたの ごご、おたくに うかがいます。
　　1　あしたの ごご、あなたの いえに おくります。
　　2　あしたの ごご、あなたの いえに いきます。
　　3　あしたの ごご、わたしの いえに つきます。
　　4　あしたの ごご、わたしの いえに きてください。

❷ ゆうびんきょくは すいて いました。
　　1　ゆうびんきょくは しまって いました。
　　2　ゆうびんきょくは こんで いませんでした。
　　3　ゆうびんきょくは いそがし そうでした。
　　4　ゆうびんきょくは ひとが いっぱい いました。

もんだい5　つぎの ことばの つかいかたで いちばん いい ものを ひとつ えらんで ください。

❶ じゃま
　　1　つくえの 上の じゃまな ものを かたづけました。
　　2　おつりは 200円ですから、100円じゃまですよ。
　　3　5キログラム じゃまなので、ダイエットしました。
　　4　ひとりで 食べるには、すこし じゃまです。

❷ そだてる
　　1　こうじょうの きかいを そだてました。
　　2　つきへ いく けいかくを そだてました。
　　3　こどもを 3人 そだてました。
　　4　2年かけて いえを そだてました。

Part 1 実戦ドリル 文字・語彙

第15回

10分　　/17

もんだい1　＿＿の ことばは ひらがなで どう かきますか。ひとつ えらんで ください。

❶ 1じかんめの 教室は Aかんの いっかいです。
　　1　きょうしっつ　　2　きょうしつ　　3　きょっしつ　　4　きょしっつ

❷ あついので 上着を ぬぎました。
　　1　うわぎ　　2　うわっぎ　　3　うえき　　4　うえぎ

❸ このことについて 意見が あったら てを あげて ください。
　　1　いっけん　　2　いっけ　　3　いけん　　4　いげん

❹ どうろを わたるときは 安全を よく 確かめて ください。
　　1　あっぜん　　2　あんぜん　　3　あんせん　　4　あっせん

❺ しょうらいは 医学を べんきょうしたいです。
　　1　いっがっく　　2　いかく　　3　いっかく　　4　いがく

もんだい2　＿＿の ことばは どう かきますか。ひとつ えらんで ください。

❶ ともだちに かりた おかねを かえしました。
　　1　仕りた　　2　作りた　　3　借りた　　4　使りた

❷ この もんだいは かんたんですよ。
　　1　問題　　2　問頭　　3　門題　　4　門頭

❸ この たてものは 100年前に たてられました。
　　1　立物　　2　建物　　3　立者　　4　建者

もんだい3　（　）に なにを いれますか。いちばん いい ものを ひとつ えらんで ください。

❶ かぜで ねつが 40どまで （　　　）ました。
　　1　あがり　　2　のぼり　　3　くだり　　4　さがり

❷ さむいので （　　　）スープが 飲みたいです。
　　1　あかるい　　2　あたたかい　　3　あんぜんな　　4　あたらしい

❸ くつを 買う ときは、かならず はいて (　　　) ください。
　　1 たしかめて　　2 つかまえて　　3 せつめいして　　4 たのしんで

❹ にゅういんして はじめて、けんこうが (　　　) だと わかりました。
　　1 じゅうぶん　　2 ていねい　　3 てきとう　　4 たいせつ

❺ えきまえの スーパーで セールを していることを 友だちに (　　　)。
　　1 かんどうしました　　　　　　2 きをつけました
　　3 しらせました　　　　　　　　4 さわりました

もんだい4　___の ぶんと だいたい おなじ いみの ぶんを ひとつ えらんで ください。

❶ テストで しっぱいして しまいました。
　　1 テストの けっかは とても よかったです。
　　2 テストの けっかは わるかったです。
　　3 テストの けっかは 100てん でした。
　　4 テストの けっかは しんぱいして いません。

❷ ケータイを どこに おいたか おもいだしました。
　　1 ケータイが どこに あるか いまは わかります。
　　2 ケータイが どこに あるか いつも かんがえて います。
　　3 ケータイが どこに あるか さがして います。
　　4 ケータイが どこに あるか わかりません。

もんだい5　つぎの ことばの つかいかたで いちばん いい ものを ひとつ えらんで ください。

❶ のりかえる
　　1 えいごで かかれて いた ものを 日本語に のりかえました。
　　2 あには ハンバーガーから サンドイッチに のりかえました。
　　3 バスを おりて でんしゃに のりかえました。
　　4 ふるい でんちを はずして あたらしい でんちに のりかえました。

❷ なげる
　　1 てを なげて 友だちを よびました。
　　2 ボールを なげて あそんで います。
　　3 サラダに しょうゆを なげて たべました。
　　4 かみを いちまい なげて ください。

Part 1 実戦ドリル 文字・語彙

テーマ別ミニ特訓講座
Mini-Courses Based on Themes / Khóa học mini theo chủ đề

1. 漢字の 訓読み
Kanji Kun-yomi Readings / Cách đọc chữ Hán

1
- 開 | ドアを 開ける | open / mở ~
- 開 | ドアが 開く | open / ~ mở
- 閉 | 店を 閉める | close / đóng ~
- 閉 | 店が 閉まる | close / ~ đóng
- 間 | AとBの 間 | between / giữa
- 問 | 難しい 問題 | question / vấn đề
- 門 | 学校の 門 | gate / cổng

2
- 話 | 二人で 話す | speak / nói chuyện
- 語 | 英語が できる | word / từ

3
- 待 | バスを 待つ | wait / đợi
- 持 | かばんを 持つ | hold / cầm
- 特 | 特に 安い | especially / đặc biệt

4
- 楽 | 楽しい 生活 | fun / vui
- 楽 | 楽な 仕事 | easy / nhẹ nhàng, thoải mái
- 薬 | 薬を 飲む | medicine / thuốc

5
- 動 | 時計が 動く | move / cử động, chuyển động
- 働 | 毎日 働く | work / làm việc, lao động
- 近 | 駅が 近い | close / gần
- 遠 | コンビニが 遠い | far / xa

6
- 進 | まっすぐ 進む | advance / tiến
- 通 | 学校に 通う | go to / đi
- 通 | 広い 道を 通る | pass through / đi qua

7
- 都会と 田舎 | rural area / quê
- 旅行の お土産 | souvenir / quà
- 仕事を 手伝う | help / giúp đỡ
- 今朝の 食事 | this morning / sáng nay
- 今年の 春 | this year / năm nay
- 歌が 上手 | good / giỏi
- 字が 下手 | poor / kém
- わたしの 部屋 | room / phòng

確認ドリル

① ワンさんなら、むこうで さくらさんと（a.話して　b.語して）いますよ。

② すみません、5分くらい（a.特って　b.待って　c.後って）くれますか。

③ 去年 大きい 病気を してから、病院に（a.通って　b.進って）います。

④ 郵便局なら、すぐ（a.近く　b.遠く）に ありますよ。ここから 100メートルくらいです。

⑤ ちょっと 寒いので、窓を（a.開めて　b.閉めて　c.門めて）もらえませんか。

⑥ 最近、仕事が ちょっと（a.楽に　b.薬に）なりました。

⑦ 私は 銀行で（a.動いて　b.働いて）います。

⑧ 田中さんの（a.部屋　b.倍室）は、ここの 3階です。

⑨ 私の 町は（a.田舎　b.土産）で、コンビニも ありません。

⑩ 私は 歌が（a.手下　b.下手）なので、みんなの 前では 歌いたくないです。

2. 自動詞・他動詞

Intransitive / Transitive Verbs / Tự động từ, tha động từ

自動詞→Ⅰグループ　他動詞→Ⅰグループ

1	仕事が減る	decrease / giảm
	仕事を減らす	reduce / giảm bớt

自動詞→Ⅰグループ　他動詞→Ⅱグループ

2	予定が変わる	change / thay đổi
	予定を変える	change / đổi
3	机の上が片付く	tidy up / dọn sạch
	机の上を片付ける	tidy up / dọn dẹp
4	時間が決まる	be decided / đã quyết
	時間を決める	to choose / quyết định
5	会議が続く	continue / kéo dài
	会議を続ける	continue / tiếp tục
6	荷物が届く	reach / (bưu phẩm) đến
	荷物を届ける	deliver to / phát đến

自動詞→Ⅱグループ　他動詞→Ⅰグループ

7	葉っぱが落ちる	fall / rơi
	財布を落とす	drop / đánh rơi
8	エアコンが切れる	cut off / đứt
	エアコンを切る	turn off / cắt, tắt
9	ボタンがはずれる	come off / tuột
	ボタンをはずす	undo / cởi
10	ジュースが冷える	get cold / lạnh
	ジュースを冷やす	to chill / ướp lạnh
11	お金が増える	increase / tăng
	お金を増やす	increase / làm tăng lên
12	魚が焼ける	become cooked / nướng chín
	魚を焼く	cook / nướng

確認ドリル

① 明日行く店を（a. 決めた　b. 決まった）。

② 手を洗うときは、指輪を（a. はずれる　b. はずす）。

③ 大学に入って友だちが（a. 増やした　b. 増えた）。

④ ワインを（a. 冷やして　b. 冷えて）おきました。

⑤ 肉が（a. 焼いた　b. 焼けた）ので、食べましょう。

⑥ 20年同じ仕事を（a. 続けて　b. 続いて）います。

⑦ 友だちからメールが（a. 届きました　b. 届けました）。

⑧ 約束の時間を（a. 変わって　b. 変えて）もらった。

⑨ この国は人口が（a. 減らして　b. 減って）います。

⑩ 時計の電池が（a. 切れた　b. 切った）。

Part 1 実戦ドリル　文字・語彙

3. する動詞　　　　　　　　　　　　　　Suru-Verbs／động từ する

1	元気に なって 安心する	(to) feel at ease / an tâm
2	町を 案内する	(to) show around / hướng dẫn
3	車を 運転する	(to) drive / điều khiển
4	公園で 運動する	(to) exercise / vận động
5	友だちと けんかする	(to) fight / cãi vã
6	仕事で 失敗する	(to) fail / thất bại
7	ホテルを 出発する	(to) depart / xuất phát
8	荷物を 準備する	(to) prepare / chuẩn bị
9	妹を 紹介する	(to) introduce / giới thiệu
10	結婚式に 招待する	(to) invite / mời
11	東京で 生活する	(to) live / sinh hoạt, sống
12	方法を 説明する	(to) explain / giải thích
13	犬を 世話する	(to) care for / chăm sóc
14	先輩に 相談する	(to) consult / bàn bạc
15	事故に 注意する	(to) be careful of / chú ý
16	試合を 中止する	(to) stop / hoãn, dừng
17	ホテルを 予約する	(to) reserve / đặt, hẹn
18	アメリカに 留学する	(to) study abroad / du học
19	電車を 利用する	(to) use / sử dụng
20	学校に 連絡する	(to) contact / liên lạc

確認ドリル

① きのう、原田さん（a. を　b. に　c. と）けんかして しまいました。
② 台風が 来るので、水と 食べ物（a. に　b. を　c. が）準備して おこう。
③ あしたは、10時に バス（a. が　b. を　c. に）出発しますから、遅れないで 来て ください。
④ よく わからないので、もう一度（a. 説明　b. 利用　c. 注意）して くれませんか。
⑤ もし、何か 困った ことが あったら、私に（a. けんか　b. 相談　c. 招待）して くださいね。
⑥ 雨が 降ったら、サッカーの 試合は（a. 中止　b. 予約　c. 連絡）します。
⑦ この 道は 車が 多いので、（a. 生活　b. 運動　c. 注意）して ください。
⑧ 旅行の 前に、新幹線（a. を　b. が　c. に）予約して おきます。
⑨ この 会場は、やまと市の 人なら だれでも（a. 利用　b. 世話　c. 運転）で きます。
⑩ 山田先生が わたしに 夫を（a. 予約　b. 準備　c. 紹介）して くれたんです。

4. い形容詞

I-adjectives／Tính từ い

1	明るい 人	bright / vui vẻ, rạng rỡ		11	すばらしい 技術	incredible / tuyệt vời
2	頭がいい 子ども	smart / thông minh		12	正しい 答え	correct / đúng
3	運転が うまい	good / giỏi		13	懐かしい 歌	nostalgic / gợi nhớ
4	おかしい 話	funny / buồn cười, kì lạ		14	苦い コーヒー	bitter / đắng
5	かたい 肉	tough / cứng		15	とても 眠い	sleepy / buồn ngủ
6	厳しい 親	strict / nghiêm khắc		16	恥ずかしい 写真	embarrassing / xấu hổ
7	気持ちが いい 場所	feels good / dễ chịu		17	ひどい けが	awful / trầm trọng
8	気持ちが 悪い 虫	feels bad / ghê người		18	深い 川	deep / sâu
9	細かい お金	small / chi tiết, nhỏ nhặt		19	めずらしい 花	unusual / hiếm có
10	すごい 音	amazing / khủng khiếp		20	やわらかい 紙	soft / mềm

確認ドリル

① 美術館には （a. すばらしい　b. 気持ちがいい）絵が たくさん ある。
② 林さんは いつも （a. 懐かしい　b. 明るい）。
③ （a. やわらかくて　b. おかしくて）おいしい 肉が 食べたい。
④ 姉は ケーキを 作るのが （a. うまい　b. すごい）。
⑤ この 薬は とても （a. かたい　b. 苦い）。
⑥ （a. 頭がいい　b. 細かい）説明を 聞いたが よく わからなかった。
⑦ 仕事で 失敗して しまい、（a. 恥ずかしかった　b. 気持ち悪かった）。
⑧ あの 人の 名前は （a. 正しい　b. めずらしい）。
⑨ きのう 3時間しか 寝て いないので、今 とても （a. 眠い　b. ひどい）。
⑩ この 学校は ルールが （a. 厳しい　b. 深い）。

41

Part 1 実戦ドリル　文字・語彙

5. な形容詞

NA-adjectives ／ Tính từ な

1	安全な 道路	safe / an toàn	11	しては だめな こと		no good / không được, sai
2	危険な スポーツ	dangerous / nguy hiểm	12	丁寧な 言葉		proper / lịch sự, chu đáo
3	急な 用事	sudden / đột xuất	13	適当な 方法		appropriate / đúng đắn
4	盛んな 産業	active / phát triển, phổ biến	14	特別な 日		special / đặc biệt
5	残念な ニュース	unfortunate / đáng tiếc	15	熱心な 学生		ardent / nhiệt tình
6	じゃまな 荷物	cumbersome / làm phiền, vướng víu	16	必要な 物		required / cần thiết
7	自由な 考え方	free / tự do	17	複雑な 機械		complex / phức tạp
8	十分な 時間	enough / đủ	18	不便な 生活		inconvenient / bất tiện
9	大事な テスト	important / quan trọng	19	変な 音		strange / kì lạ
10	確かな 情報	certain / chính xác	20	無理な 計画		impossible / vô lí, quá sức

確認ドリル

① （a.適当　b.大事）な ものは、ここに 置かないで ください。
② 子どもは （a.確か　b.安全）な 場所で 遊ばせたい。
③ あの 先生の 説明は いつも （a.ていねい　b.盛ん）です。
④ 会議に （a.必要　b.十分）な 物は 何ですか。
⑤ 友だちから （a.変　b.急）に 遊びに 行こうと 言われた。
⑥ 私の 会社は 駅から 遠くて （a.不便　b.無理）な 場所に ある。
⑦ あなたが 思って いる ことを （a.自由　b.複雑）に 話して ください。
⑧ 旅行に 行けなく なって （a.熱心　b.残念）です。
⑨ 大雨が ふると、この 場所は （a.特別　b.危険）に なります。
⑩ （a.じゃま　b.だめ）なので、この いすは むこうに 置きます。

6. 副詞・否定表現

Adverbs, Negative Expressions / Phó từ, cách nói phủ định

1	いっぱい 買った	full / nhiều, đầy	10	それほど 高くない	それほど～ない / not too ~ / không ~ đến thế
2	必ず 行く	absolutely / chắc chắn	11	そんなに 好きではない	not that ~ / không hẳn ~ như thế
3	きっと できる	surely / chắc chắn	12	だいぶ 終わった	greatly / khá
4	これから 始める	from now / từ bây giờ	13	たまに 会う	occasionally / họa hoằn
5	しっかり 聞く	properly / thấu đáo	14	できるだけ 早く 行く	as much as possible / cố gắng
6	十分に 時間が ある	fully / đủ	15	特に 問題ない	not particularly ~ / không có ~ đặc biệt
7	ずいぶん 大きい	considerably / khá	16	なかなか 治らない	does not readily ~ / mãi mà không ~
8	すっかり 暗く なる	completely / hoàn toàn	17	非常に 難しい	extremely / vô cùng ~
9	全然 おもしろくない	not ~ at all / hoàn toàn không ~	18	ほとんど 休まない	barely ~ at all / vô cùng ~

確認ドリル

① あしたは （a. それほど b. きっと） 雨が ふるでしょう。
② 日本語が （a. 非常に b. 全然） わかりません。
③ 田中さんは いつも （a. 必ず b. 特に） 5分 遅れて 来ます。
④ お酒は （a. ずいぶん b. ほとんど） 飲みません。
⑤ （a. これから b. なかなか） 家に 帰ります。
⑥ 車を 運転する ときは （a. 十分に b. そんなに） 注意して ください。
⑦ 駅の 前が （a. しっかり b. すっかり） 変わりました。
⑧ 家の 近くに コンビニが （a. いっぱい b. だいぶ） あります。
⑨ 仕事が （a. できるだけ b. なかなか） 終わりません。
⑩ （a. ずいぶん b. たまに） 旅行に 行きます。

Part 1 実戦ドリル　文字・語彙

7. カタカナ　　　Katakana Words／Từ katakana

1 アイスコーヒー	ice coffee / đá	
2 ガムを かむ	(chewing) gum / kẹo cao su	
3 うちの キッチン	kitchen / bếp	
4 グループで 話す	group / nhóm	
5 資料を コピーする	(to) copy / photocopy	
6 コンビニで 買う	convenience store / cửa hàng tiện lợi	
7 サービスが いい	service / dịch vụ	
8 スーツを 着る	suit / bộ vest	
9 スープを 飲む	soup / súp	
10 大会で スピーチする	(give a) speech / diễn thuyết	
11 タオルで ふく	towel / khăn bông	
12 サッカーの チーム	team / đội	
13 時間を チェックする	(to) check / kiểm tra	
14 飛行機の チケット	ticket / vé	
15 わたしの パスポート	passport / hộ chiếu	
16 授業の プリント	print-out; worksheet / tài liệu	
17 フルーツを 食べる	fruit / hoa quả	
18 ホットの 紅茶	hot / nóng	
19 大切な ことを メモする	(to) write a memo / ghi chép	
20 店の レジ	cash register / quầy tính tiền	

 確認ドリル

① 海外旅行に 行くので、(a.チケット　b.キッチン　c.パスポート) を 作りました。

② 説明を 聞いたら、忘れない ように (a.メモ　b.スピーチ　c.コピー) して くださいね。

③ 毎日、仕事の ときは (a.タオル　b.スーツ　c.スープ) を 着て います。

④ お弁当を 買いに (a.チーム　b.キッチン　c.コンビニ) へ 行って きますね。

⑤ (a.グループ　b.レジ　c.フルーツ) で、りんごが 一番 好きです。

⑥ この レストランは、おいしいし、(a.サービス　b.スーツ　c.チーム) も いいんです。

⑦ ねむく なったとき、よく (a.スープ　b.ガム　c.レジ) を かみます。

⑧ 寒いから、(a.ホット　b.アイス　c.スープ) コーヒーでも 飲もう。

⑨ 英語で 作文を 書いたんですが、(a.チェック　b.メモ　c.スピーチ) して もらえませんか。

⑩ コンサートの (a.パスポート　b.チケット　c.コピー) は、1枚 6000円でした。

Part 2
実戦ドリル
文法

Practical Drill – Grammar
Bài tập thực tế, từ vựng – Ngữ pháp

第1回〜第15回

テーマ別ミニ特訓講座
Mini-Courses Based on Themes
Khóa học mini theo chủ đề

1. 助詞①
2. 助詞②
3. 接続表現
4. 受身・使役・使役受身
5. 文末表現

Part 2 実戦ドリル 文法

第1回

12分　　/14

もんだい1　（　）に 何を 入れますか。いちばん いい ものを 一つ えらんで ください。

❶ これからは 家で 仕事を する 人が 多くなって（　　　）と 思います。
　　1　する　　　　2　いく　　　　3　なる　　　　4　みる

❷ おもしろい（　　　）私も その 映画を 見たいです。
　　1　なら　　　　2　たら　　　　3　ば　　　　4　と

❸ この しりょうを ちょっと（　　　）ても いいですか。
　　1　借りなく　　2　借りさせ　　3　借り　　　　4　借りられ

❹ 家に 帰ったら だれ（　　　）いなかった。
　　1　か　　　　2　も　　　　3　と　　　　4　に

❺ 夫は おさけが ぜんぜん（　　　）ません。
　　1　飲ま　　　　2　飲み　　　　3　飲む　　　　4　飲め

❻ 子どもの ころ、よく 妹を（　　　）。
　　1　なきそうでした　　　　2　なきすぎました
　　3　なかれました　　　　4　なかせました

❼ この きかいは まどを そうじする（　　　）使います。
　　1　のに　　　　2　のは　　　　3　のを　　　　4　のが

❽ 田中さんから 聞いたんですが、この 車は（　　　）です。
　　1　高いところ　　2　高いはず　　3　高いそう　　4　高そう

もんだい2　★ に 入る ものは どれですか。いちばん いい ものを 一つ えらんで ください。

❶ 母より ＿＿＿ ＿＿＿ ★ ＿＿＿ が うまいです。

　　1 ほう　　　　2 料理　　　　3 父の　　　　4 が

❷ この パソコンは ＿＿＿ ＿＿＿ ★ ＿＿＿ 。

　　1 きっと　　　2 だろう　　　3 高い　　　　4 とても

もんだい3　❶から❹に 何を 入れますか。いちばん いい ものを 一つ えらんで ください。

旅行中の 病気

　外国を 旅行して いる とき、もし、体の 具合が 悪く ❶ どう しますか。1年前、私は 友だちと 台湾に 旅行に 行きました。その とき、とても お腹が 痛くなり、なかなか 治りませんでした。友だちが「病院に 行った ❷ 」と 言うので、行く こと ❸ 。
　その 病院には、日本語が 話せる 医者が いて、ていねいに 説明して ❹ ました。病院で 薬を もらって、本当に 安心しました。

❶　1 なれば　　　2 なったら　　　3 なって　　　4 なり

❷　1 みよう　　　2 ように　　　　3 なければ　　4 ほうがいい

❸　1 にしました　2 があります　　3 つもりでした　4 ができます

❹　1 られ　　　　2 いたし　　　　3 くれ　　　　4 され

第2回

Part 2 実戦ドリル 文法

12分　　/14

もんだい1　（　）に 何を 入れますか。いちばん いい ものを 一つ えらんで ください。

❶ 子どもに けいたい 電話を（　　　）。
　1　こわされた　　2　こわさせた　　3　こわれた　　4　こわさせられた

❷ この 漢字の 読み（　　　）は 何ですか。
　1　ばかり　　2　ほう　　3　かた　　4　はず

❸ 大学に（　　　）日本に 来ました。
　1　入るために　　2　入るように　　3　入りそうに　　4　入るつもりに

❹ 大木さんは かぜを ひいて いる（　　　）です。
　1　こと　　2　よう　　3　まで　　4　のに

❺ あしたは 30分 はやく（　　　）。
　1　起きている　　　　　　2　起きるところだ
　3　起きるばかりだ　　　　4　起きなければならない

❻ ほしかった 服が（　　　）、ざんねんです。
　1　買ってほしい　　2　買うつもり　　3　買いたい　　4　買えなくて

❼ みちが こんでいて、会社まで 2時間（　　　）かかって しまった。
　1　に　　2　で　　3　も　　4　を

❽ この 映画を（　　　）ことが ありますか。
　1　見ている　　2　見よう　　3　見て　　4　見た

もんだい2　　★　に 入る ものは どれですか。いちばん いい ものを 一つ えらんで ください。

❶ 夕方に なると ＿＿＿ ＿＿＿ ★ ＿＿＿ ます。

1　さんぽに　　　2　行き　　　3　たがり　　　4　犬が

❷ わからないなら、先生に ＿＿＿ ＿＿＿ ★ ＿＿＿ 。

1　どう　　　2　聞いて　　　3　みたら　　　4　ですか

もんだい3　　❶から❹に 何を 入れますか。いちばん いい ものを 一つ えらんで ください。

ケーキ店

　私の 家の 近くに、いつも たくさんの おきゃくさんが ならんで いる 店が あります。

　そこは ケーキの 店です。　❶　 人気が あるなら、私も 一度 食べて　❷　と 思いました。　❸　 きのう、店に 行ったのですが、やっぱり たくさんの 人が ならんで いました。だから、買うのを やめて　❹　ました。

❶　1　どんなに　　　2　どうやって　　　3　そんなに　　　4　そうやって

❷　1　したい　　　2　ほしい　　　3　みたい　　　4　らしい

❸　1　けれど　　　2　それで　　　3　だけど　　　4　それに

❹　1　もらい　　　2　いき　　　3　おわり　　　4　しまい

第3回 Part 2 実戦ドリル 文法

12分　/14

もんだい1　（　）に 何を 入れますか。いちばん いい ものを 一つ えらんで ください。

❶ 今度の 日よう日は 友だちと 買い物に（　　　）。
　1　行くつもりだ　　　　　2　行くことがある
　3　行くところだ　　　　　4　行くばかりだ

❷ 雨で かばんが ぬれて（　　　）。
　1　みた　　　2　おいた　　　3　しまった　　　4　なった

❸ 1年（　　　）2回、旅行に 行きます。
　1　が　　　2　を　　　3　の　　　4　に

❹ 家の 前で 大きな 音が（　　　）。
　1　つく　　　2　する　　　3　出す　　　4　来る

❺ 私の しゅみは 料理を 作る（　　　）です。
　1　よう　　　2　かた　　　3　こと　　　4　もの

❻ 「ここに ごみを（　　　）」と 書いて あるから、すてたら だめだよ。
　1　すてるな　　　2　すてさせる　　　3　すてよう　　　4　すてなくて

❼ きのう 北海道では 雪が（　　　）そうです。
　1　ふった　　　2　ふり　　　3　ふろう　　　4　ふられた

❽ 母の 病気は 入院すれば（　　　）です。
　1　なおるところ　　　2　なおるつもり　　　3　なおるばかり　　　4　なおるはず

50

もんだい2　＿★＿に 入る ものは どれですか。いちばん いい ものを 一つ えらんで ください。

❶ この 町は 安全だし ＿＿＿ ＿＿＿ ★ ＿＿＿、住みやすいです。

　1　食べ物　　　2　し　　　3　おいしい　　　4　も

❷ 田中さんに この 会社を ＿＿＿ ＿＿＿ ★ ＿＿＿ 。

　1　もらい　　　2　ました　　　3　しょうかい　　　4　して

もんだい3　❶から❹に 何を 入れますか。いちばん いい ものを 一つ えらんで ください。

犬

　私の 家には 犬が います。名前は ケンと 言います。毎日 母が さんぽに つれて いって ❶ 。だからでしょう。ケンは 私より 母 ❷ が 好きです。私が「ケン、こっちへ ❸ 」と 言っても、ぜんぜん 来ません。しかし、母の 声が ❹ すぐに 走って 行きます。私は 少し さびしいです。

❶　1　やります　　　2　くれます　　　3　いたします　　　4　もらいます

❷　1　くらい　　　2　ほど　　　3　より　　　4　のほう

❸　1　来れば　　　2　来るな　　　3　来い　　　4　来よう

❹　1　しながら　　　2　すると　　　3　しても　　　4　するのに

第4回

Part 2 実戦ドリル 文法

12分　/14

もんだい1　（　）に 何を 入れますか。いちばん いい ものを 一つ えらんで ください。

❶ 子どもの ころ、よく 兄に 飲み物を 買いに（　　　）。
　1　行かれた　　2　行かされた　　3　行けた　　4　行かなかった

❷ 天気予報に よると、来週 台風が（　　　）。
　1　来させる　　2　来るらしい　　3　来なさい　　4　来られる

❸ 時間が あったら お茶（　　　）飲みに 行きませんか。
　1　なら　　2　ため　　3　ほう　　4　でも

❹ あの 人は 歌が 上手で、歌手（　　　）です。
　1　そう　　2　つもり　　3　のよう　　4　すぎる

❺ 山田「この 本 おもしろかったよ。」
　佐藤「じゃあ 私も（　　　）。」
　1　読んでみる　　2　読んだら　　3　読むだろう　　4　読むはずだ

❻ あした かいぎが ある（　　　）知って いますか。
　1　そうか　　2　ばかりか　　3　ところか　　4　かどうか

❼ メールを 送る 前に アドレスを よく かくにん（　　　）ほうが いいですよ。
　1　しろ　　2　しよう　　3　した　　4　して

❽ 来月、大阪に ひっこす ことに（　　　）ました。
　1　なり　　2　いき　　3　でき　　4　やり

第4回

もんだい2　＿＿★＿＿に 入る ものは どれですか。いちばん いい ものを 一つ えらんで ください。

❶ 北海道に ＿＿＿ ＿＿＿ ★ ＿＿＿ ますか。

　　1　こと　　　　2　あり　　　　3　行った　　　　4　が

❷ さっき ＿＿＿ ＿＿＿ ★ ＿＿＿ です。

　　1　帰って　　　2　来た　　　　3　ところ　　　　4　家に

もんだい3　❶から❹に 何を 入れますか。いちばん いい ものを 一つ えらんで ください。

地下鉄の ルール

　私の 町 には 地下鉄が あります。 この 町の 地下鉄は、ルールが 少し きびしいです。 地下鉄の 中では、食べ物を 食べたり 飲み物を 飲んだり しては ❶ 。 あめや ガムも だめです。 もし、食べて ❷ 、駅員に 注意 ❸ 。 それだけでなく、お金を はらわ ❹ ならなく なります。 他の 町から 来た 人は、気をつけて ください。

❶　1　いけません　　2　かまいません　　3　おきません　　4　ありません

❷　1　いても　　　　2　いたら　　　　　3　いようと　　　4　いたため

❸　1　いただきます　2　くださいます　　3　させます　　　4　されます

❹　1　なければ　　　2　なかったら　　　3　なくても　　　4　ないのに

第5回

もんだい1 （　）に 何を 入れますか。いちばん いい ものを 一つ えらんで ください。

❶ お金が ない（　　　）、また、くつを 買って しまった。
　1　ように　　　2　なら　　　3　のに　　　4　ところ

❷ 駅の 出口が たくさん あって まよって いたら、駅員が 教えて（　　　）。
　1　もらった　　　2　くれた　　　3　あげた　　　4　やった

❸ 朝、家を （　　　） 雨が 降って いた。
　1　出れば　　　2　出たばかり　　　3　出ると　　　4　出てから

❹ 夜9時（　　　）メールを 送らなければ ならない。
　1　ことに　　　2　ために　　　3　のに　　　4　までに

❺ 来年 新しい 車を （　　　）と 思って います。
　1　買おう　　　2　買うつもり　　　3　買いそう　　　4　買ったら

❻ 電気自動車に 乗る 人は、最近 （　　　）。
　1　ふえて います　　　　　　2　ふえて しまいます
　3　ふえる つもりです　　　　4　ふえようと 思います

❼ この 店では よく ぎゅうにゅう（　　　）パンを 買います。
　1　も　　　2　し　　　3　とか　　　4　たり

❽ 「もう 10時だ。早く 家に （　　　）。」
　1　帰るだろう　　　　　　2　帰らなくちゃ
　3　帰りはじめる　　　　　4　帰ることになる

第5回

もんだい2　___★___に 入る ものは どれですか。いちばん いい ものを 一つ えらんで ください。

❶ 体の ぐあいが 悪い ので ___ ___ ★ ___ した。

　1 ことに　　　2 病院へ　　　3 行く　　　4 あした

❷ この ホテルが ___ ___ ★ ___ 知って いますか。

　1 か　　　2 どこ　　　3 に　　　4 ある

もんだい3　❶から❹に 何を 入れますか。いちばん いい ものを 一つ えらんで ください。

知らない 電話番号

　きのう、私の けいたい電話に 知らない 番号から 電話が かかって きました。少し いやな 気持ちに なりました。だれが かけて いるか、わからない ❶ 、本当に 必要な 用事 ❷ も、わかりません。また、このような 電話で、問題が 起こる ことも あるので、注意 ❸ なりません。まわりの 人からも、このような ときは、電話に ❹ いけない と 言われて います。だから、きのうは 出ませんでした。

❶　1 を　　　2 し　　　3 と　　　4 も

❷　1 というか　　　2 かどうか　　　3 ようか　　　4 そうか

❸　1 したほうが　　　2 してみたら　　　3 しなければ　　　4 しようと

❹　1 出るなら　　　2 出れば　　　3 出ると　　　4 出ては

Part 2 実戦ドリル 文法

第6回

⏱ 12分　　/14

もんだい1 （　）に 何を 入れますか。いちばん いい ものを 一つ えらんで ください。

❶ わたしは、来年 息子（　　　）アメリカへ 留学させる つもりです。
　1　で　　　　　2　を　　　　　3　が　　　　　4　に

❷ スーパーの 野菜は、コンビニ（　　　）高くない。
　1　という　　　2　ほど　　　　3　ばかり　　　4　とかの

❸ 田中さんに メッセージを 書いて ください。（　　　）いいですよ。
　1　なんでも　　2　なにも　　　3　なにか　　　4　なにを

❹ この 物語は、千年くらい 前に 女性（　　　）書かれました。
　1　で　　　　　2　によって　　3　について　　4　から

❺ 森「田中さん、お昼ごはんを 食べに 行きませんか。」
　田中「すみません。今（　　　）で、もう おなか いっぱいなんです。」
　1　食べるの　　2　食べたばかり　3　食べるところ　4　食べたこと

❻ きのうは 夜 遅くなったので、先輩に 家まで 車で（　　　）。
　1　送って くれました　　　　　2　送って もらいました
　3　送って あげました　　　　　4　送りました

❼ もう 夜 11時なので、（　　　）よ。うるさいです。
　1　洗濯しそうも ありません　　2　洗濯した ことが あります
　3　洗濯した はずが ない　　　4　洗濯しては いけません

❽ 母は 年を とって、小さい字が （　　　）。今は めがねを 使って います。
　1　見えなく なりました　　　　2　見えそうに なりました
　3　見えなくても いいです　　　4　見えなければ なりません

第6回

もんだい2 ___★___ に 入る ものは どれですか。いちばん いい ものを 一つ えらんで ください。

❶ ___ ___ ★ ___ いいですか。

　1　こわれた　　　2　捨てたら　　　3　どうやって　　　4　パソコンは

❷ きのう ___ ___ ★ ___ 汚されて しまいました。

　1　買った　　　2　服は　　　3　新しい　　　4　子どもに

もんだい3 ❶から❹に 何を 入れますか。いちばん いい ものを 一つ えらんで ください。

旅行の 番組

　わたしは、テレビで 旅行の 番組を ❶ 好きだ。毎日 仕事が いそがしくて、❷ 旅行に 行く ことは できない。でも、行った ことが ない 県や 国を 見て いると、自分も そこに 行った ような 気分に なる。その 国の ことばが わからなくても、日本語 ❸ 説明して くれるし、バスの 乗り方が わからなくても 心配ない。食べ物は 見るだけで ❹ けれど、きれいな 景色や 町を 見るのは、とても 楽しい。それに、無料だ。でも、一年に 一回くらいは、どこかに 旅行したい。

---

❶　1　見るまでに　　2　見るのが　　3　見たくて　　4　見るように

❷　1　なかなか　　2　とうとう　　3　そろそろ　　4　まあまあ

❸　1　の　　2　で　　3　を　　4　に

❹　1　食べにくい　　　　　　2　食べたばかりだ
　　3　食べられない　　　　　4　食べるところだ

第7回

もんだい1 （　）に 何を 入れますか。いちばん いい ものを 一つ えらんで ください。

① わたしは 山田さん（　　　）そうだんして、電車で 会場に 行きました。
　1　で　　　　　2　や　　　　　3　を　　　　　4　に

② 佐藤「時間、かかりますか。」
　松本「そうですね。10分（　　　）かかりますね。」
　1　ほど　　　　2　のこと　　　3　でも　　　　4　しか

③ （　　　）食事が できますから、テーブルの 上を ふいて ください。
　1　いつか　　　2　もうすぐ　　3　だんだん　　4　きっと

④ あしたは、時間に（　　　）来て ください。
　1　遅れない ように　　　　　　2　遅れる ために
　3　遅れたら　　　　　　　　　　4　遅れそうに

⑤ 日本に いる 間に、富士山に（　　　）と 思って います。
　1　登る ようだ　　　　　　　　2　登って みたい
　3　登る ことに する　　　　　　4　登りやすい

⑥ きのうの マラソン大会では、とちゅうで 足が（　　　）、ゴールまで 走れませんでした。
　1　痛くなって　2　痛くなくて　3　痛いのに　　4　痛いので

⑦ 田中「あそこに いる 女性の 名前が（　　　）んです。わかりますか。」
　松本「ああ、さくらさんですよ。」
　1　思い出　　　2　思い出せない　3　思い出す　　4　思い出しない

⑧ この ケガが、来週の 試合までに（　　　）、心配です。
　1　治るか どうか　　　　　　　2　治ったか どうか
　3　治らなければ ならないか　　　4　治った ほうが いいか

第7回

もんだい2 ＿＿★＿＿に 入る ものは どれですか。いちばん いい ものを 一つ えらんで ください。

❶ 何か ＿＿＿ ＿＿＿ ★ ＿＿＿ 電話を くださいね。
　　1　あったら　　　2　ことが　　　3　困った　　　4　いつでも

❷ ＿＿＿ ＿＿＿ ★ ＿＿＿ 、つくえの 上に 飾ります。
　　1　みんな　　　　2　写真を　　　3　撮った　　　4　で

もんだい3 ❶から❹に 何を 入れますか。いちばん いい ものを 一つ えらんで ください。

わたしの 好きな 色

　わたしが 一番 好きな 色は、赤です。友だちに「また 赤だね」と よく ❶ 。赤い シャツ、赤い くつ、赤い かばん、赤い さいふ……。いつも 赤い 物を いろいろ 持って いるからです。まわりの 友だちは、黒や 青、グレーなどが 多いです。でも、わたしが 赤を 持つのは、元気が 出るからです。「きょうも がんばろう」「きっと 上手に できる」という ❷ 。赤は、だれが ❸ 似合う 色だと 思います。みなさんも、赤い 服を ❹ 。

❶　1　言われます　　　　　　　　　　2　言います
　　3　言わせられます　　　　　　　　4　言えません

❷　1　気持ちでしょう　　　　　　　　2　気持ちになります
　　3　気持ちだそうです　　　　　　　4　気持ちで いいです

❸　1　着ても　　　2　着たら　　　3　着ると　　　4　着るそうで

❹　1　着なければ ならないのでしょうか　　2　着なくても いいでしょうか
　　3　着なくなるでしょうか　　　　　　　　4　着てみたら どうでしょうか

第8回

Part 2 実戦ドリル 文法

12分　　/14

もんだい1　（　）に 何を 入れますか。いちばん いい ものを 一つ えらんで ください。

❶ 松本「田中さんは、何を 飲みますか。」
　 田中「そうですね。わたしは、コーラ（　　　）します。」
　　1　が　　　　2　で　　　　3　を　　　　4　に

❷ 山田「どうぞ、もっと 食べて ください。」
　 松本「ありがとうございます。（　　　）おなか いっぱいです。」
　　1　それで　　2　もう　　　　3　こう　　　4　あと

❸ 松本「最近、早く 帰りますね。どうしたんですか。」
　 田中「（　　　）、祖母の 具合が よくないんです。」
　　1　実は　　　2　なのに　　　3　きっと　　4　それで

❹ この テストは、たぶん（　　　）終わりますよ。
　　1　5分で　　2　5分しか　　3　5分が　　4　5分を

❺ 部屋を（　　　）、3時間くらい かかりました。
　　1　片付け　　2　片付けに　　3　片付ければ　　4　片付けるのに

❻ 母は 最近 いつも、めがねを（　　　）本を 読んで います。
　　1　かけてあげて　　2　かけて　　3　かけさせて　　4　かけられて

❼ （　　　）、2時からの 映画に 間に合わないと 思います。
　　1　走らなければ　　2　走れば　　3　走るとか　　4　走る間

❽ 川本「すみません。ちょっと ペンを（　　　）。忘れて しまったんです。」
　 佐藤「ええ、いいですよ。」
　　1　貸して くれませんか　　　　2　貸して あげませんか
　　3　借りて みましょうか　　　　4　借りて もらいませんか

第8回

もんだい2 ___★___ に 入る ものは どれですか。いちばん いい ものを 一つ えらんで ください。

❶ この ホテル ____ ____ ★ ____ 、400万円くらい かかる そうですよ。

　　1 のに　　　　2 結婚式を　　　3 する　　　　4 で

❷ それぞれの ____ ____ ★ ____ コップを 置いて ください。

　　1 に　　　　2 ずつ　　　　3 4つ　　　　4 テーブル

もんだい3 ❶ から ❹ に 何を 入れますか。いちばん いい ものを 一つ えらんで ください。

日本の 夏

　日本の 夏は 暑いです。暑いので 部屋に いる 間 ずっと エアコンを つけて いたら、電気代が 1万円 ❶ して 驚きました。その ことを 先輩に ❷ 、「扇風機も 一緒に 使うと いいよ」と 言われました。扇風機の 風が あると、エアコンの 温度を あまり 低く しなくても、涼しく なると 聞きました。それから、一番 暑い 昼の 時間は、アルバイトを して います。わたしは コンビニで アルバイトを して いるので、その 時間は、とても 涼しいです。コンビニに 来る お客さんも、みんな とても ❸ 、冷たい 水や ジュース、アイスクリーム ❹ を 買います。

❶　1 を　　　　2 も　　　　3 が　　　　4 で

❷　1 話せば　　2 話すなら　　3 話すように　　4 話すと

❸　1 暑いはずで　2 暑そうで　　3 暑くなくて　　4 暑いのに

❹　1 の　　　　2 ほど　　　　3 など　　　　4 かどうか

Part 2 実戦ドリル 文法

第9回

12分　/14

もんだい1　（　）に 何を 入れますか。いちばん いい ものを 一つ えらんで ください。

❶ すみません。よく 聞こえないので、大きい 声（　　）話して もらえませんか。
　1　の　　　　　2　を　　　　　3　で　　　　　4　が

❷ 最近 いちばん うれしかったのは、初めて 給料を もらった（　　）です。
　1　だけ　　　　2　こと　　　　3　よう　　　　4　そう

❸ 松本「（　　）学校を 決めましたか。」
　原田「インターネットで 調べたり、両親に 話したり して、決めました。」
　1　どういう　　2　どのぐらい　　3　どうして　　4　どうやって

❹ 海外旅行を した ときに、だれかに スマホを（　　）しまいました。
　1　とって　　　2　とらせられて　　3　とらせて　　4　とられて

❺ 難しくて、何回（　　）意味が わかりませんでした。
　1　読めば　　　2　読んで　　　3　読んだら　　4　読んでも

❻ この 説明書の（　　）やれば、できる はずです。
　1　ところ　　　2　ばかりに　　3　まま　　　　4　とおりに

❼ 田中「最近、いつも 胃が 痛い んです。」
　山本「大変な 病気かもしれませんから、一度 病院へ（　　）よ。」
　1　行った ほうが いいです　　　2　行きやすいです
　3　行こうと 思います　　　　　4　行かせて ください

❽ 母が（　　）、わたしは がんばって いい 仕事を さがします。
　1　よろこびたくて　　　　　　　2　よろこぶ ように
　3　よろこぶ ために　　　　　　　4　よろこぶのに

第9回

もんだい2 ___★___ に 入る ものは どれですか。いちばん いい ものを 一つ えらんで ください。

❶ 500円 貸して くれませんか。____ ____ ★ ____ 入って いなかった んです。

   1 しか   2 財布   3 に   4 100円

❷ 1か月に いくら ____ ____ ★ ____ 、いつも メモして います。

   1 使った   2 わかる   3 か   4 ように

もんだい3 ❶から❹に 何を 入れますか。いちばん いい ものを 一つ えらんで ください。

新聞

　新聞を 読む 人が 少なく なって いる そうです。パソコンや スマホで ニュースを 読む 人が 多く なった ことが、❶ 。わたしも 妻も そうでしたが、最近、久しぶりに 新聞を 申し込みました。インターネットで ニュースを 見る ときは、興味が ある ニュース ❷ 読みません。新聞だと、いろいろな ニュースを ❸ 。「いつも 読まない ような ものが 読めて、新聞って おもしろい」と 思いましたが、次の 月には、また、あまり 読まなく なって しまいました。新聞は サイズが 大きくて、ちょっと 読みにくいからです。❹ 小さい 新聞が あったら いいと 思います。

❶ 1 理由の ことが あります   2 理由の はずです
     3 理由の ようです   4 理由に します

❷ 1 しか   2 から   3 ほど   4 に

❸ 1 読むことが できます   2 読ませて ください
     3 読んでは いけません   4 読まなくても いいです

❹ 1 もっとも   2 なるほど   3 すると   4 もっと

Part 2 実戦ドリル 文法

第10回

12分　/14

もんだい1　（　）に 何を 入れますか。いちばん いい ものを 一つ えらんで ください。

❶ この 本は、英語から 日本語（　　　）翻訳されて います。
　　1　に　　　　　2　で　　　　　3　を　　　　　4　と

❷ 田中「その 仕事、時間 かかりますか。」
　　山本「いいえ。これ くらいの 量（　　　）、30分くらいで 終わります。」
　　1　ほど　　　　2　でも　　　　3　ばかり　　　4　なら

❸ 田中「松本さん、もう みんな 帰りましたか。」
　　松本「今 見たら、教室に（　　　）5人くらい いましたよ。」
　　1　まだ　　　　2　とくに　　　3　ほとんど　　4　だれ

❹ 先生への 長い 手紙を、2時間 かかって（　　　）書き終わりました。
　　1　やっと　　　2　なかなか　　3　そんなに　　4　きっと

❺ スマホを（　　　）自転車に 乗っては いけません。
　　1　見ないで　　2　見てから　　3　見ながら　　4　見ると

❻ こちらの 書類を（　　　）、あちらの 窓口に 行って ください。
　　1　書いたあとで　2　書いたことで　3　書いたように　4　書いたのに

❼ 半年間 一生懸命 練習したのに、試合の 前に けがを（　　　）。
　　1　して もらいました　　　　　2　して しまいました
　　3　させました　　　　　　　　　4　して ありました

❽ 山田「ちょっと、熱が あります。」
　　川本「じゃ、うちで 休んで、どこにも（　　　）よ。」
　　1　行かないかもしれません　　　2　行かない ほうが いいです
　　3　行くかもしれません　　　　　4　行く ほうが いいです

第10回

もんだい2　____★____に 入る ものは どれですか。いちばん いい ものを 一つ えらんで ください。

❶ あれ？ ____ ____ ★ ____ なんですが、だれも いませんね。

　1　の　　　　　　2　3時　　　　　　3　から　　　　　4　はず

❷ それは ちょっと 難しいので、____ ____ ★ ____ やった ほうが いいですよ。

　1　山田さん　　　2　で　　　　　　3　と　　　　　　4　二人

もんだい3　❶から❹に 何を 入れますか。いちばん いい ものを 一つ えらんで ください。

いい ものを 使おう

　先週、プレゼント ❶ いい タオルを もらいました。ちょっと 厚くて、やわらかくて、とても 気持ちが いいです。今まで いつも、安くて 薄い タオルを 使って いました。でも、タオルは 毎日 使います。「毎日 使う ものが いい ものだったら、生活が 楽しくなる」という ことが わかりました。それで、今まで お客さんに だけ 使って いた、きれいな お皿や コップも ❷ 。すると、食事を するのも 楽しく なりました。❸ 、いい ペンを ❹ と 思います。

---

❶　1　から　　　　2　に　　　　　　3　を　　　　　　4　が

❷　1　使って いました　　　　　　　2　使って くれました
　　3　使われました　　　　　　　　　4　使う ように しました

❸　1　もうすぐ　　　2　今度　　　　　3　最近　　　　　4　さっき

❹　1　買って いる　　2　買って みよう　3　買って ある　4　買って おく

第11回

もんだい1 （　）に 何を 入れますか。いちばん いい ものを 一つ えらんで ください。

❶ 学校の 中（　　　） あんないしましょうか。
　1　で　　　　2　を　　　　3　に　　　　4　が

❷ ともだち（　　　） アニメ映画を 見に 行きました。
　1　と　　　　2　を　　　　3　で　　　　4　に

❸ 私の 重い 荷物は、いつも 夫が（　　　）。
　1　持って もらいます　　　2　持って やります
　3　持って あげます　　　　4　持って くれます

❹ 学生の とき、コンビニで アルバイトを（　　　）。
　1　したばかりです　　　　2　したことが あります
　3　したそうです　　　　　4　されました

❺ 日本人は あいさつする（　　　） あたまを 下げます。
　1　でも　　　2　まで　　　3　から　　　4　とき

❻ 夏休みの（　　　）だけ 朝 5時に 起きる ことに しました。
　1　いない　　2　いじょう　3　まわり　　4　あいだ

❼ 白い シャツは（　　　）です。
　1　よごれよう　2　よごれらしい　3　よごれやすい　4　よごれだけ

❽ わたしは 来年の 3月に ひっこしする（　　　）です。
　1　つもり　　2　らしい　　3　よう　　　4　ところ

もんだい2　★ に 入る ものは どれですか。いちばん いい ものを 一つ えらんで ください。

❶ あつい ____ ____ ★ ____ 食べようか。

　1　アイスクリームを　　　　　2　から
　3　店で　　　　　　　　　　　4　あそこの

❷ サイズ ____ ____ ★ ____ できます。

　1　とりかえる　　2　が　　　　3　ことが　　　4　あわなかったら

もんだい3　❶から❹に 何を 入れますか。いちばん いい ものを 一つ えらんで ください。

マスク

電車や バスに 乗る ❶ 、マスクを つけて いる 人が 多い。冬が 過ぎても 取らないで、春も 夏も つけて いる。いま、マスクは 風邪だけ でなく、空気中の 花粉＊を ❷ のにも 使われて いる。かたちや 大きさ、色も いろいろで、自分に 合った マスクを ❸ なって いる。これからは、一年中 マスクを つけることに なる ❹ 。

＊花粉：花から 飛んで 風に 運ばれ、いろいろな ところで また 新しい 木や 花に なる。とても 小さい。

❶　1　から　　　　　2　と　　　　　3　も　　　　　4　で

❷　1　すわなくなる　　　　　　　　2　すわなくてもいい
　　3　すってはいけない　　　　　　4　すわないようにする

❸　1　えらびにくく　2　えらびやすく　3　えらびながら　4　えらぶために

❹　1　かもしれない　　　　　　　　2　ことに する
　　3　ところです　　　　　　　　　4　ように します

第12回

Part 2 実戦ドリル　文法

12分　/14

もんだい1　（　）に 何を 入れますか。いちばん いい ものを 一つ えらんで ください。

❶ ここに 来る（　　　）で パンを 買いました。
　 1　まえ　　　　2　とちゅう　　　3　あいだ　　　4　あと

❷ いい 天気だった（　　　）洗たくした ものが よく かわきました。
　 1　はずで　　　2　ように　　　　3　ので　　　　4　ところ

❸ 電車の 中は れいぼうが（　　　）さむかった。
　 1　強すぎて　　2　強そうで　　　3　強い　　　　4　強くても

❹ ここは 店が 多くて 買い物（　　　）便利です。
　 1　の　　　　　2　と　　　　　　3　を　　　　　4　に

❺ 学校まで 歩いて 5分（　　　）行けます。
　 1　が　　　　　2　を　　　　　　3　に　　　　　4　で

❻ 昼休みは 45分（　　　）ありません。
　 1　まで　　　　2　から　　　　　3　ほど　　　　4　しか

❼ 屋上に テーブルと いすが おいて（　　　）。
　 1　もらいました　2　あります　　　3　ばかりいます　4　ください

❽ A「こんど、大阪に 行くんです。」
　 B「大阪（　　　）、大阪城が いいですよ。」
　 1　ほど　　　　2　でも　　　　　3　なら　　　　4　より

68

第12回

もんだい2 ___★___ に 入る ものは どれですか。いちばん いい ものを 一つ えらんで ください。

❶ おすし ___ ___ ★ ___ あります。

　1 よやく　　2 と　　3 して　　4 サンドイッチは

❷ 夏休みに ___ ___ ★ ___ います。

　1 行こう　　2 思って　　3 と　　4 北海道へ

もんだい3 ❶から❹に 何を 入れますか。いちばん いい ものを 一つ えらんで ください。

日本人の名前

　日本人の 名前は 10万以上 ある。他の 国に くらべて、かなり 多い。初めて あいさつを した ときに、名前が 話題に なる ことも 多い。また、名前が どのように 決まったの ❶ 、きょうみを 持つ 人も 多いのだろう。いろいろな 名前の 歴史を 紹介する テレビ番組も ある。説明を ❷ 、多くの 名前は、村に 関係して いる ❸ 。私の 近所の 家の 名前を 見てみても、「野田」「山田」「野村」「小川」「山川」 ❹ が あり、いなかの けしきが 見えて くる。

❶　1 か　　　　　　2 で　　　　　　3 と　　　　　　4 に

❷　1 聞くと　　　　2 聞くなら　　　3 聞くので　　　4 聞くのに

❸　1 よていで ある　2 はずだ　　　　3 ところだ　　　4 ようで ある

❹　1 まで　　　　　2 ぐらい　　　　3 など　　　　　4 だけ

Part 2　実戦ドリル　文法

第13回

12分　　/14

もんだい1　（　）に 何を 入れますか。いちばん いい ものを 一つ えらんで ください。

❶ 今日は かさを 持っていった（　　　）いいですよ。
　1　あとで　　　2　ように　　　3　ところ　　　4　ほうが

❷ 屋上（　　　）富士山が 見えます。
　1　まで　　　2　から　　　3　を　　　4　と

❸ 走って いる（　　　）道が わからなく なって しまった。
　1　ほど　　　2　なかに　　　3　あいだに　　　4　とか

❹ 山田さんから メールが 来ました。少し（　　　）。
　1　おくれる ことに しました　　　2　おくれる つもりです
　3　おくれる ところです　　　　　4　おくれる そうです

❺ この 店は Mサイズの くつ（　　　）売って いません。
　1　しか　　　2　の　　　3　で　　　4　から

❻ もし、女の子が（　　　）、もも子という 名前に したい。
　1　うまれたら　　2　うまれると　　3　うまれたから　　4　うまれて

❼ お父さんは（　　　）8時ごろに 帰って きます。
　1　さっき　　　2　たったいま　　　3　たいてい　　　4　いつか

❽ 使った コップは そのままに（　　　）いいですよ。
　1　してあって　　2　しておいて　　3　しすぎて　　4　したくて

70

第13回

もんだい2 ★に 入る ものは どれですか。いちばん いい ものを 一つ えらんで ください。

❶ あしたは ＿＿＿ ＿＿＿ ★ ＿＿＿ みんな あそんで いる。

　１ あるのに　　　２ すうがくの　　　３ 英語と　　　４ 試験が

❷ 弟は ＿＿＿ ＿＿＿ ★ ＿＿＿ ねて いる。

　１ 持った　　　２ スマホ　　　３ まま　　　４ を

もんだい3 ❶から❹に 何を 入れますか。いちばん いい ものを 一つ えらんで ください。

コンビニ

　大通りの かどの 古い ビルが ❶ 。そのあとに 何が できるのか 楽しみに ❷ 、コンビニが できた。どの まちでも 大通りには ほとんど コンビニが ある。店が 多く、買い物が 便利な ところにも コンビニが ある。 ❸ 、田舎の 不便な ところには コンビニが ない。24時間で なくても いい。昼間 ❹ でも いい。コンビニが 利用で きれば、生活しやすくなると 思う。いい やり方が ないだろうか。

---

❶　１ こわれる　　　２ こわれた　　　３ こわした　　　４ こわされた

❷　１ していたら　　　２ していても　　　３ していそうで　　　４ してみよう

❸　１ では　　　２ それから　　　３ しかし　　　４ じゃ

❹　１ だけ　　　２ しか　　　３ とか　　　４ など

第14回

もんだい1 （　　）に 何を 入れますか。いちばん いい ものを 一つ えらんで ください。

❶ くつが（　　　）おいて あります。
　1 きちんと　　　2 はっきり　　　3 さかんに　　　4 きゅうに

❷ （　　　）体の ぐあいが あまり よく ありません。
　1 さっき　　　2 たったいま　　　3 このごろ　　　4 ちゃんと

❸ アナウンサー（　　　）発音は とても きれいです。
　1 と　　　2 に　　　3 の　　　4 を

❹ カタカナが（　　　）おぼえられない。
　1 なかなか　　　2 かならず　　　3 たしか　　　4 ちょうど

❺ 父は さいきん お酒を（　　　）。
　1 飲まなく なりました　　　2 飲まない よていです
　3 飲まない ほうが いいです　　　4 飲まない ようにします

❻ この 会議室は（　　　）使う ことが できます。
　1 しんせつに　　　2 ぴったり　　　3 いつでも　　　4 いつか

❼ 彼は じゅうどうの 試合で（　　　）。
　1 まけて もらいました　　　2 まけて みました
　3 まけて しまいました　　　4 まけて おきました

❽ 私は いなか（　　　）のうぎょうを したいです。
　1 が　　　2 で　　　3 に　　　4 と

第14回

もんだい2　__★__に 入る ものは どれですか。いちばん いい ものを 一つ えらんで ください。

❶ 彼は ____ ____ ★ ____ わかりません。
　　1　パーティーに　　　　　　　2　どうか
　　3　いそがしいので　　　　　　4　来られるか

❷ この 道路は ____ ____ ★ ____ 通れません。
　　1　が　　　　2　ため　　　　3　交通事故　　　　4　おきた

もんだい3　❶から❹に 何を 入れますか。いちばん いい ものを 一つ えらんで ください。

さくらまつり

　日本では 毎年 3月❶、さくらが いつ 咲くか、が ニュースに なる。いろいろな ところで、花が ❷ ころに 一週間ほど さくらまつりが おこなわれる。最近は、まつりの だいぶ 前に 咲いて しまっ❸-a、まつりの あとに 咲きはじめ❸-b、うまく 合わない。今年も はやく 咲いて 心配された。しかし、そのあと 寒く なって ずっと 咲いて いた ため、各地で さくらまつりが 楽しめた ようだ。さくらの 花 ❹ 日本人の 心を 明るい 気分に させる ものは ない。

❶　1　に なったあと　　　　　　2　に なると
　　3　に なっている　　　　　　4　に なったばかり

❷　1　咲こう　　　2　咲いて　　　3　咲く　　　4　咲きます

❸　1　a.たり／b.たりして　　　　2　a.て／b.て
　　3　a.たが／b.たら　　　　　　4　a.ても／b.たが

❹　1　ほど　　　2　まで　　　3　ばかり　　　4　だけ

第15回

Part 2 実戦ドリル 文法

12分　/14

もんだい1　（　）に 何を 入れますか。いちばん いい ものを 一つ えらんで ください。

❶ インターネット（　　　）しらべれば すぐに わかります。
　　1　に　　　　　2　が　　　　　3　と　　　　　4　で

❷ 台風（　　　）、公園の 木が 全部 倒れて しまいました。
　　1　に　　　　　2　で　　　　　3　を　　　　　4　が

❸ かぎは（　　　）つくえの ひきだしの 中に 入れました。
　　1　いまにも　　2　まだ　　　　3　たしか　　　4　かなり

❹ 夕飯は いつも 家で 食べますが、（　　　）友達と 食事に 行く ことも あります。
　　1　たまに　　　2　ずいぶん　　3　やっと　　　4　もっと

❺ （　　　）むずかしい 問題、よく できたね。
　　1　ぜったいに　2　もう　　　　3　かならず　　4　あんなに

❻ その ごみは 袋に（　　　）捨てて ください。
　　1　入れれば　　2　入れると　　3　入れるのに　4　入れて

❼ 私の 部屋に、家族の 写真が（　　　）。
　　1　はって おきます　　　　　　2　はって あります
　　3　はって しまいます　　　　　4　はって いる ところです

❽ 北海道は いつか 家族と（　　　）です。
　　1　行った ばかり　　　　　　　2　行って みたい
　　3　行きやすい　　　　　　　　　4　行って いる ところ

第15回

もんだい2　＿＿★＿＿に 入る ものは どれですか。いちばん いい ものを 一つ えらんで ください。

❶ 地図 ＿＿＿＿ ＿＿＿＿ ★ ＿＿＿＿ しました。

　　1　せつめい　　　2　見　　　　　3　を　　　　　　4　ながら

❷ これ ＿＿＿＿ ＿＿＿＿ ★ ＿＿＿＿ 思います。

　　1　せいひんだと　2　べんりで　　3　は　　　　　　4　すばらしい

もんだい3　❶から❹に 何を 入れますか。いちばん いい ものを 一つ えらんで ください。

日本の 東と 西

　日本は せまい 国 ❶ 、東と 西では 生活の しかたに ちがいが あり、東京の 人が 大阪に 行き、大阪の 人が 東京に 来て おどろく ことが いくつか ある。 ❷ 一つが エスカレーターの 乗り方だ。東京では エスカレーターに ❸ は 左がわに 立って、右がわを 空ける。右がわは、エスカレーターを 階段の ように 上がる 人の ために 空けて あるのだろう。しかし、大阪では 右がわに 立ち、左がわを 空ける。

　エスカレーターの 乗り方は 県によって 違いが ある ようなので、知らない 場所に 行ったら、よく 見て、 ❹ 。

❶　1　なら　　　　　2　だから　　　　3　だが　　　　　4　だと

❷　1　その　　　　　2　あの　　　　　3　あれ　　　　　4　それ

❸　1　乗るまでに　　2　乗るとき　　　3　乗ろう　　　　4　乗れば

❹　1　乗る かもしれない　　　　　　　2　乗った ほうが いい
　　3　乗る ように なる　　　　　　　4　乗る ところだ

Part 2 実戦ドリル 文法

テーマ別ミニ特訓講座
Mini-Courses Based on Themes / Khóa học mini theo chủ đề

1. 助詞① — Particles ① / Trợ từ ①

1 が	原さんが 休んだ	subject / chủ ngữ	
	ケーキが ある	existence / tồn tại	
	車が 欲しい	target of emotions (desire) / đối tượng cảm xúc (muốn có)	
	歌が 好き	target of emotions / đối tượng cảm xúc (muốn có)	
	食事が したい	target of action (〜たい) / đối tượng của hành động (muốn ~)	
	日本語が 話せる	target of actions (possibility) / đối tượng của hàng động (khả năng)	
2 は	原さんは 英語が 話せる	subject; theme / chủ đề	
	夏は 好きだが、冬は 嫌いだ	comparison / đối lập	
3 を	水を 飲む	target of action / đối tượng của hành động	
	会社を 出る	starting point (action) / điểm xuất phát (hành động)	
	その角を 曲がる	point passed through / điểm đi qua	
	駅前を 通る	route / đường đi	
	大学を 卒業する	starting point (organization) / điểm xuất phát (tổ chức)	
4 で	教室で 書く	location / nơi chốn	
	日本で 一番 有名	extent / phạm vi	
	2つで 100円	extent / phạm vi	
	ペンで 書く	method / phương pháp	
	電車で 行く	means / phương tiện	
	小さい 声で 言う	means / phương tiện	
	木で できて いる	material / chất liệu	
	風邪で 休む	reason / lí do	
	地震で 壊れる	cause / nguyên nhân	
	みんなで 話し合う	form / hình thức	
	3日で 終わる	time / thời gian	
	自分で やる	subject / chủ ngữ	

 **確認ドリル**

① すみません。よく 聞こえないので、もう 少し 大きい 声 (a.が b.を c.で) 話して くれませんか。

② 「夏休みは、どこかの 海 (a.が b.を c.で) 泳ぎたいな」
「私 (a.が b.を c.は) 泳げないから、山 (a.が b.を c.は) いいな」

③ うちから だいたい 20分くらい (a.が b.は c.で) 着きます。また、家を 出る ときに メールしますね。

④ 「見て。1つ 500円だけど、3つ (a.が b.を c.で) 1000円だって」
「じゃ、3つ 買おうか」

⑤ 友だちの 結婚式に 出るので、新しい シャツ (a.が b.を c.で) 買いました。

⑥ 台風 (a.が b.は c.で) 電車が 止まって しまいました。

⑦ 会社（a. は　b. を　c. で）やめたら、自分の 店（a. が　b. を　c. で）
持とうと 思って います。

⑧ この 問題だったら、5分（a. が　b. を　c. で）解けます。

⑨ 絵（a. が　b. を　c. で）好きで、ときどき 美術館に 絵（a. が　b. を　c. で）
見に 行きます。

⑩ 「手伝いましょうか」
「自分（a. は　b. を　c. で）できるので、大丈夫です。ありがとうございます」

2. 助詞②

Particles ② / Trợ từ ②

1 に

彼女に 花を あげる	target of transfer / đối tượng thụ nhận
友達に 英語を 教える	target of transfer / đối tượng thụ nhận
机に 花を 飾る	arrival point / điểm đích đến
会社に 行く	arrival point / điểm đích đến
電車に 乗る	transportation method / phương tiện di chuyển
病気に なる	result of change / kết quả của sự thay đổi
娘に 掃除を させる	target of employment / đối tượng sai khiến
母に 叱られる	target receiving an action / đối tượng của câu bị động
1日に 3回	number of times / số lần
タバコは 体に 悪い	applicability / phạm vi thích ứng
部屋に いる	location of existence / địa điểm tồn tại
たなの 上に 置く	location of existence / địa điểm tồn tại
7時に 起きる	time / thời gian
映画を 見に 行く	goal / mục đích
絵を かくのに 使う	means / cách thức

2 と

私と 母	parallel / liệt kê
妹と 遊ぶ	together / cùng với
父と 同じ	basis of identification / tiêu chuẩn của giống và khác
いいと 思う	citation / dẫn chứng
知らないと 言う	citation / dẫn chứng
押すと 動く	order / thứ tự
晴れると 行く	hypothesis / giả định

3 も

山田さんも 行く	addition / thêm vào
100万円も する	many / nhiều
何も 買わない	complete negation / phủ định hoàn toàn

Part 2 実戦ドリル 文法

確認ドリル

① 今日は、夕方 5時から アルバイト（a.に b.と c.も）行きます。

② この カバン、欲しいけど、3万円（a.に b.と c.も）する。

③ 仕事で ミスを して、さっき 部長（a.に b.と c.も）叱られました。

④ 私の 住む 市では、冬（a.に b.と c.も）なると、雪が たくさん 降ります。

⑤ 野菜は 健康（a.に b.と c.も）いいので、毎日 食べる ように しています。

⑥ 「田中さんは？」「向こうで、部長（a.に b.と c.も）話して いるよ」

⑦ ホテルの 予約を しようと 電話を したが、どこ（a.に b.と c.も）空いて いなかった。

⑧ 高田さんが、ちょっと 遅れる（a.に b.と c.も）言って いました。

⑨ 一週間（a.に b.と c.も）3回、テニスの 練習を して います。

⑩ 去年の 誕生日（a.に b.と c.で）父（a.に b.と c.も）時計を 買って もらいました。

3. 接続表現

Conjunctions / Từ nối

1. 山本先生は 厳しいです。**けれど**、とても いい 先生です。 — but / tuy nhiên
2. インターネットで 調べました。**すると**、すぐに その 店の 情報が 見つかりました。 — in that case / tức thì, thì
3. パソコンが こわれました。**それで**、新しいのを 買いました。 — and so / vì thế
4. この かばんは じょうぶです。**それに**、とても 軽いです。 — also / hơn nữa
5. メールの 返事が ありません。**だから**、電話を かけました。 — and so / cho nên
6. **例えば** 東京の ような 大きい 町は、いつも 電車が こんで います。 — for example / ví dụ
7. 頭が 痛い**ので**、今日は 学校を 休みます。 — because ~ / vì
8. もう 春**なのに**、雪が ふりました。 — even though ~ / thế mà
9. あしたの 午後 **または**、あさっての 朝 来て ください。 — or / hoặc là
10. **もし**、あの 店が 休みだったら、ほかの 店に 行きましょう。 — if / nếu

確認ドリル

① この ケーキは とても 小さい（a. のに　b. それで）、高いです。
② 薬を 飲みました。（a. または　b. すると）、すぐに よく なりました。
③ けいたい電話の 番号（a. または　b. 例えば）メールアドレスを 書いて ください。
④ （a. もし　b. けれど） 明日 時間が あったら、食事に 行きませんか。
⑤ きのうの 夜、遅く 寝ました。（a. それに　b. だから）、朝、起きられませんでした。
⑥ あの 服は 少し 小さかったです。（a. すると　b. それで）、買いませんでした。
⑦ この ホテルは 新しくて きれい です。（a. けれど　b. だから）、駅から 遠くて 不便です。
⑧ （a. 例えば　b. もし）、王さんの ように、日本語が 上手に なりたいです。
⑨ 今週は 仕事が 忙しい（a. ので　b. のに）、土よう日も 働きます。
⑩ この 店の ラーメンは おいしいです。（a. それで　b. それに）、とても 安いです。

Part 2 実戦ドリル　文法

4. 受身・使役・使役受身

Passive / Causative / Causative-Passive
Bị động, bắt buộc, bị động bắt buộc

受身

1. 先生は　田中さんを　ほめました。 — praised / khen
   田中さんは　先生に　ほめられました。 — was praised by / được khen

2. だれかが　わたしの　さいふを　とりました。 — stole / lấy trộm
   わたしは　（だれかに）さいふを　とられました。 — was stolen by / bị lấy trộm

3. （会社は）1958年に　東京タワーを　つくりました。 — create / xây dựng
   東京タワーは　1958年に　つくられました。 — was created / được xây dựng

受身形の作り方

	Iグループ		IIグループ		IIIグループ	
	ーi ます	ーa れます	ーます	ーられます		
	とります	とられます	ほめます	ほめられます	きます	こられます
	つくります	つくられます	食べます	食べられます	します	されます

使役

1. むすこは　かいものに　行きました。 — went / đi
   お母さんは　むすこを　かいものに　行かせました。 — made to go / bắt đi

2. 学生は　言葉の　意味を　調べました。 — look up / tra cứu
   先生は　学生に　言葉の　意味を　調べさせました。 — made to look up / bắt tra cứu

使役形の作り方

	Iグループ		IIグループ		IIIグループ	
	ーi ます	ーa せます	ーます	ーさせます		
	行きます	行かせます	調べます	調べさせます	きます	こさせます
	読みます	読ませます	見ます	見させます	します	させます

使役受身

1. 娘に 高い くつを 買わされた。(高かった！etc.)　　was made to buy / bị bắt mua
2. 毎日 たくさんの ことばを 覚えさせられた。(大変だった！etc.)　　was made to remember / bị bắt nhớ
3. きらいな 野菜を たくさん 食べさせられた。(いやだった！etc.)　　was made to eat / bị bắt ăn
4. 部屋の そうじを させられた。(疲れた！etc.)　　was made to clean / bị bắt làm
5. 朝 早く 学校に 来させられた。(ねむかった！etc.)　　was made to come / bị bắt đến

使役受身の作り方

	Iグループ		IIグループ		IIIグループ	
	—i ます	—a されます	—ます	—させられます	きます	こさせられます
	買います	買わされます	覚えます	覚えさせられます	します	させられます

確認ドリル

① 私の 絵は 展覧会で 1位に (a.選びました　b.選ばれました　c.選ばせました)。
② 母に そうじを (a.たのまれました　b.たのみました) が、忙しくて、できませんでした。
③ 先生は 学生に スカイツリーを (a.見物させました　b.見物されました)。
④ 小さな 子どもを (a.働かせ　b.働かれて　c.働かされ) ては いけない。
⑤ 小さい 時は 男の子に よく (a.いじめました　b.いじめられました)。
⑥ 服を よごして 母に (a.しかりました　b.しかられました　c.しからせました)。
⑦ 車を かべに ぶつけて、けいさつに (a.調べさせられました　b.調べられました)。
⑧ うまく 投げられるまで ボールを (a.投げられ　b.投げさせられ) ました。
⑨ この 本は 世界中で (a.翻訳されて　b.翻訳させられて) います。
⑩ 子供の ころ 母に 毎日 予習を (a.しました　b.されました　c.させられました)。
⑪ むすこが すてた ごみを むすこに (a.ひろわせ　b.ひろい) ました。
⑫ ねこに ごはんを やりすぎて、(a.ふとられて　b.ふとらせて) しまった。
⑬ スカイツリーは 2012年に (a.つくり　b.つくられ　c.つくらせ) ました。
⑭ この 本だなは (a.すてられていた　b.すてさせていた) ものです。
⑮ 来年の 国際会議は 京都で (a.開かれ　b.開かせ　c.開かされ) ます。

Part 2 実戦ドリル　文法

5. 文末表現

End-of-Sentence Expressions
Cách dùng cuối câu

1	〜でしょう	今年の 夏は あつく なるでしょう。	it should be hot / chắc sẽ nóng
2	〜ていただけませんか	すみません、この くつを 見せて いただけませんか。	may I please see it / cho tôi xem có được không?
3	〜とおもっています	夏の シャツが ないので、買おうと 思って います。	I am thinking of buying it / định mua
4	〜つもりです	シャツは 毎日 洗うので、3枚 買う つもりです。	I am planning on buying it / định mua
5	〜ところです	パーティーは いま はじまる ところです。	it is just starting / vừa mới bắt đầu
6	〜ほうがいいです	映画は 2時からですから、急いだ ほうが いいですよ。	you ought to hurry / nên nhanh lên thì hơn
7	〜といっていました	山田さんは 今日は 休むと 言って いました。	(they) said they would rest / nói là sẽ nghỉ
8	〜そうです	鈴木さんの 家の 犬は 人の 話が わかる そうです。	seems to understand / nghe nói là hiểu
9	〜かもしれません	石油の ねだんは また 上がるかもしれません。	may rise / có lẽ sẽ tăng
10	〜んです	「どうしましたか」「さいふを ぬすまれたんです」	was stolen / bị lấy trộm rồi
11	〜ようです	「彼は まじめな 人の ようですね」「その ようですね」	that appears to be the case / có vẻ như thế
12	〜そうです	この へんに ガソリンスタンドは なさそうです。	there doesn't seem to be / hình như không có
13	〜よていです	飛行機は 7時に 羽田空港に 着く 予定です。	scheduled to arrive at / dự định sẽ đến
14	〜はずです	火曜日は 美容院は お休みの はずです。	should not be working / chắc chắn là nghỉ
15	〜ようにします	毎朝、早く 起きる ように して います。	making sure to wake up / cố gắng dậy

① ここに お名前を 書いて（a. いただけませんか　b. ほうがいいです）。
② 火事は 近い（a. ようです　b. よていです）。
③ 出席すると いう メールを もらいましたから、彼女は 来る（a. そうです　b. はずです）。
④ ぜひ、彼の 歌を きいて ください。とても 上手な（a. んです　b. ところです）。
⑤ 3月は 仕事が 忙しい（a. つもりです　b. かもしれません　c. ようにします）。
⑥ 家族も 増えたので、そろそろ 家を 買おう（a. と思っています　b. つもりです）。
⑦ どろぼうは あっちの 方に にげた（a. つもりです　b. ようです　c. よていです）。
⑧ 私は 来週から 一週間、九州に 行く（a. と思っています　b. はずです　c. よていです）。
⑨ 風呂は 嫌いですが、健康に いい そうなので、入る（a. ようにしています　b. でしょう）。
⑩ 彼は 来週 国に 帰る（a. と いって いました　b. ところです　c. ほうがいいです）。
⑪ 冷蔵庫から ビールを とって（a. でしょう　b. いただけませんか　c. ようです）。
⑫ 私は 歴史を 勉強するのが 好きな（a. ほうが いいです　b. んです　c. つもりです）。

Part 3
模擬試験
Mock Examinations
Bài thi thử

文字・語彙
第1回～第3回

文法
第1回～第3回

Part 3 模擬試験 文字・語彙

第1回 30分 /35

もんだい1 ＿＿＿の ことばは ひらがなで どう かきますか。
1・2・3・4から いちばん いい ものを ひとつ えらんで ください。

1 これは 日本で とった 写真です。

 1 しゃじん　　2 しゃしん　　3 しゃんじん　　4 しゃんしん

2 家の ちかくには スーパーが ないので 不便です。

 1 ぶびん　　2 ふびん　　3 ぶべん　　4 ふべん

3 なつやすみは 旅行に 行こうと 思って います。

 1 りょごう　　2 りょこう　　3 りょうごう　　4 りょうこう

4 学生時代は アメリカに りゅうがくして いました。

 1 しだい　　2 したい　　3 じだい　　4 じたい

5 この アルバイトは 楽です。

 1 らく　　2 あく　　3 がく　　4 たく

6 きのう かみを 切りました。

 1 きいり　　2 きり　　3 せり　　4 せつり

7 この ふく、ほかの 色も ありますか。

1　いろ　　　　2　こえ　　　　3　おと　　　　4　ひかり

8 わたしと あの 人は 名前が 同じです。

1　どんじ　　　2　どうじ　　　3　おおなじ　　　4　おなじ

9 この ちかくに きってを 売って いる 店は ありますか。

1　かって　　　2　とって　　　3　うって　　　4　のって

Part 3 模擬試験
もぎしけん

もんだい2 ＿＿＿の ことばは どう かきますか。1・2・3・4から いちばん いい ものを ひとつ えらんで ください。

10 母は いま だいどころに います。

1 料場　　2 料所　　3 台場　　4 台所

11 わたしは 5さいの ときから ピアノを ならって います。

1 学って　　2 習って　　3 教って　　4 勉って

12 「かばん もちましょうか。」「かるいので、だいじょうぶです。」

1 軽い　　2 寒い　　3 近い　　4 低い

13 今年の なつは とくに あつかったです。

1 時に　　2 特に　　3 持に　　4 待に

14 えきの ばしょを ちずで かくにんしました。

1 地回　　2 地口　　3 地国　　4 地図

15 あねと いっしょに ケーキを つくりました。

1 エりました　　2 起りました　　3 作りました　　4 試りました

もんだい3 （　　）に なにを いれますか。1・2・3・4から いちばん いい ものを ひとつ えらんで ください。

16　かいぎが おわったら へやの 電気を （　　　） ください。

1　けして　　　　2　きえて　　　　3　だして　　　　4　でて

17　この 町は のうぎょうが （　　　） です。

1　ていねい　　　2　きけん　　　　3　てきとう　　　4　さかん

18　7時に レストランを （　　　） しました。

1　よてい　　　　2　やくそく　　　3　よやく　　　　4　きそく

19　のみものを 買うときは、あそこの （　　　） で はらって ください。

1　メモ　　　　　2　レジ　　　　　3　ミス　　　　　4　ベル

20　あした （　　　） れんらく します。

1　もっとも　　　2　たいてい　　　3　もうすぐ　　　4　かならず

21　「お先に しつれいします。」「（　　　）。」

1　いってらっしゃい　　　　　　　2　おかげさまで
3　おつかれさまでした　　　　　　4　かしこまりました

22　この にくは （　　　） 食べられません。

1　かたくて　　　2　すごくて　　　3　うまくて　　　4　あたたかくて

Part 3 模擬試験 もぎしけん

23 きょうとに 行ったとき、2日間 古い りょかんに (　　　)。

1　たずねた　　　2　とまった　　　3　住んだ　　　4　よった

24 なつに なると いえに (　　　) が 入って 来ます。

1　いし　　　2　は　　　3　くさ　　　4　むし

25 コーヒーと こうちゃの どちらに するか (　　　) います。

1　くらべて　　　2　くばって　　　3　まよって　　　4　えらんで

もんだい4 ＿＿＿＿のぶんと だいたい おなじ いみの ぶんが あります。
1・2・3・4から ひとつ えらんで ください。

26 あしたの かいぎの じゅんびを しましょう。

1　あしたの かいぎの よういを しよう。
2　あしたの かいぎの ちゅうしを しよう。
3　あしたの かいぎの しょうちを しよう。
4　あしたの かいぎの りようを しよう。

27 おとうとに マンガを やりました。

1　おとうとに マンガを もらいました。
2　おとうとに マンガを かしました。
3　おとうとに マンガを あげました。
4　おとうとに マンガを かりました。

28 テキストを うちに わすれて きました。

1 しけんを うちに わすれて きました。
2 きょうかしょを うちに わすれて きました。
3 じてんを うちに わすれて きました。
4 かだいを うちに わすれて きました。

29 少し 前、えきで 友だちに 会いました。

1 しばらく えきで 友だちに 会いました。
2 さっき えきで 友だちに 会いました。
3 すっかり えきで 友だちに 会いました。
4 たいてい えきで 友だちに 会いました。

30 来年の 3月に 大学を そつぎょうします。

1 来年の 3月に 大学を たちます。
2 来年の 3月に 大学を おくります。
3 来年の 3月に 大学を とります。
4 来年の 3月に 大学を 出ます。

Part 3 模擬試験(もぎしけん)

もんだい5 つぎの ことばの つかいかたで いちばん いい ものを 1・2・3・4 から ひとつ えらんで ください。

[31] きれる

1 きれた ふくを あらいましたが、きれいに なりません。
2 コップが 落ちて きれて しまいました。
3 リモコンの でんちが きれて います。
4 テレビが きれたので、すてる ことに しました。

[32] しょうらい

1 「しょうらい どこへ 行きますか。」「ちょっと かいものに。」
2 子どもの ころ、しょうらいの ゆめは 何でしたか。
3 今は 時間が ないので しょうらい 電話します。
4 「しょうらい ごはんを 食べに 行きましょう。」「では、あさっては どうですか。」

[33] そろそろ

1 わからないことは、そろそろ 聞いて ください。
2 むすめは いつも でかけて いて、そろそろ いえに いない。
3 8時だ。そろそろ 父が かえって くる 時間だ。
4 今月は いそがしくて 友だちに そろそろ 会えない。

34 グループ

1 2つの グループに わかれて バスに のります。
2 この ランチには いちごの グループが ついて います。
3 あさってまでに ちょうさの グループを 出して ください。
4 1,000円で くうこうまで にもつを はこんで くれる グループが あります。

35 ひどい

1 ひどい お金が なくて 1万円を 出しました。
2 先月 そふが なくなり とても ひどいです。
3 ひどくなって いるから、この ぎゅうにゅうは もう 飲めません。
4 じてんしゃの じこで ひどい けがを して しまいました。

Part 3 模擬試験

文字・語彙

第2回

 /35

もんだい1 ＿＿＿の ことばは ひらがなで どう かきますか。
　　　　　1・2・3・4から いちばん いい ものを ひとつ えらんで ください。

1 えきは 遠いです。

　1 ひろい　　　2 とおい　　　3 おおきい　　　4 きれい

2 これと これで、合計 1万円です。

　1 こうけい　　2 こうげい　　3 ごうけい　　　4 ごうげい

3 台風が 来る そうです。

　1 たいぶう　　2 たいふう　　3 だいふう　　　4 だいぷう

4 おいしい スープを 用意して います。

　1 じゅんび　　2 patrick よい　　3 りょうり　　　4 したく

5 もうすぐ 春ですね。

　1 はる　　　　2 なつ　　　　3 あき　　　　　4 ふゆ

6 あなたの 住所を おしえて くれませんか。

　1 しゅうしょ　2 じゅうしょ　3 しゅしょ　　　4 じゅしょ

94

7 わたしは、これから 働く つもりです。

1　はたらく　　　2　うごく　　　3　かく　　　4　ひく

8 わたしの つまは、料理が とくいです。

1　りょりい　　　2　りょうりい　　　3　りょり　　　4　りょうり

9 あしたの 授業は 9時からです。

1　しゅうきょう　　2　しゅぎょう　　3　じゅうぎょう　　4　じゅぎょう

Part 3 模擬試験

もんだい2 ＿＿＿の ことばは どう かきますか。 1・2・3・4から いちばん いい ものを ひとつ えらんで ください。

[10] さあ、いそいで 行きましょう。

1　急いで　　　　2　心いで　　　　3　泳いで　　　　4　注いで

[11] あさ おきて、かおを あらいます。

1　通います　　　2　使います　　　3　洗います　　　4　先います

[12] こんや、つまと レストランに 行きます。

1　今晩　　　　　2　今夜　　　　　3　近晩　　　　　4　近夜

[13] この じしょは、きのう 先生に かりました。

1　昔りました　　2　仮りました　　3　借りました　　4　貸しました

[14] あの くろい 車は、たなかさんのです。

1　赤い　　　　　2　黒い　　　　　3　青い　　　　　4　白い

[15] その ばあい、どう なりますか。

1　話合　　　　　2　話会　　　　　3　場合　　　　　4　場会

もんだい3 （　　）に　なにを　いれますか。1・2・3・4から　いちばん　いい
ものを　ひとつ　えらんで　ください。

16　その　いすは　（　　　　）なので、むこうへ　もっていって　ください。

　　1　じゃま　　　　2　むり　　　　　3　たしか　　　　4　ざんねん

17　わたしは、けっこんしても　しごとを　（　　　　）と　おもって　います。

　　1　あつめたい　　2　かんがえたい　3　さそいたい　　4　つづけたい

18　（　　　　）が　いたくて　話せなかったので、くすりを　のみました。

　　1　せき　　　　　2　ねつ　　　　　3　のど　　　　　4　こえ

19　車が　多いですから、（　　　　）くださいね。

　　1　うごいて　　　2　おぼえて　　　3　おもいだして　4　きをつけて

20　どうぞ、どうぞ。（　　　　）食べて　ください。

　　1　どきどき　　　2　どんどん　　　3　なかなか　　　4　まあまあ

21　この　クッキー、（　　　　）食べられません。

　　1　あたたかくて　2　きびしくて　　3　かたくて　　　4　ふかくて

22　つぎの　かどを、右に　（　　　　）ください。

　　1　おって　　　　2　かえって　　　3　もどって　　　4　まがって

Part 3 模擬試験 (もぎしけん)

[23] りょこうの 前に、もっていく にもつを (　　　) します。

1　チェック　　　2　サイズ　　　3　キャンセル　　　4　セール

[24] テレビが (　　　)、見られません。

1　こしょうして　　2　しつれいして　　3　おれて　　　4　やぶれて

[25] ひさしぶりに かぞくに 会うのが (　　　) です。

1　もちろん　　　2　たのしみ　　　3　なつかしい　　　4　うれしさ

もんだい4 ＿＿＿のぶんと だいたい おなじ いみの ぶんが あります。
1・2・3・4から ひとつ えらんで ください。

26 ともだちに あやまりました。

1 ともだちに メールを おくりました。
2 ともだちに 会って、たのしかったです。
3 ともだちに すみませんと 言いました。
4 ともだちに プレゼントを あげました。

27 あしたは かならず 行きます。

1 あしたは たぶん 行きます。
2 あしたは あさから 行きます。
3 あしたは ちょっと 行きます。
4 あしたは ぜったい 行きます。

28 キャンプは ちゅうしです。

1 キャンプは たのしいです。
2 キャンプは にんきが あります。
3 キャンプは やめます。
4 キャンプは たいへんです。

29 ホットの コーヒーが 飲みたいです。

1 たくさん コーヒーが 飲みたいです。
2 あまい コーヒーが 飲みたいです。
3 あつい コーヒーが 飲みたいです。
4 おいしい コーヒーが 飲みたいです。

Part 3 模擬試験

30 パーティーに しゅっせきします。

1 パーティーに 出ます。
2 パーティーに よびます。
3 パーティーから かえります。
4 パーティーで うたいます。

もんだい5 つぎの ことばの つかいかたで いちばん いい ものを 1・2・3・4 から ひとつ えらんで ください。

31 とりかえる

1 この おさら、よごれて いるので とりかえて ください。
2 やまださんと とりかえて、きのう わたしが バイトに 行った。
3 きょうは コーヒーと とりかえて、こうちゃを 飲もう。
4 みなとまちえきで、バスに とりかえます。

32 さめる

1 あついから、さめた 水が 飲みたいなあ。
2 きのうからの ねつが さめて、36どに なりました。
3 電話を して いたら、スープが さめて しまいました。
4 きょうは ゆきが ふって、とても さめた 日だ。

33 こまかい

1 わたしの おとうとは 3さいなので、まだ とても こまかい。
2 こまかい お金が ないので、1万円で おねがいします。
3 あの 店の ケーキは こまかいけれど、とても おいしいです。
4 今月の アルバイトだいは こまかくて、1万円しか なかった。

34 いない

1 あそこの みちは、よるの いないに こうじを して いる。
2 きょうしつの いないに、学生が 3人 います。
3 いつも、かばん いないに かさを いれて います。
4 しょくじの あと、30分 いないに くすりを 飲んで ください。

35 うら

1 しゃしんの うらに、名前を 書いて ください。
2 たなかさんの いけんに うらです。
3 いもうとは わたしより せが うらです。
4 やまださんの うらに いるのが、まつもとさんです。

文字・語彙

第3回

もんだい1 ＿＿＿の ことばは ひらがなで どう かきますか。
1・2・3・4から いちばん いい ものを ひとつ えらんで ください。

1 アクセサリーは つくえの 引き出しの なかに いれて あります。
　1 ひきたし　　2 ひっきたし　　3 ひきだし　　4 ひきだっし

2 きょうの テストの 最後の もんだいは とても むずかしかったです。
　1 さいこう　　2 さいこ　　3 さいご　　4 さいごう

3 きのう ねつが でたので、病院に 行きました。
　1 びょいん　　2 びょっいん　　3 びょういん　　4 びよういん

4 ダイエットするより 運動した ほうが いいですよ。
　1 うんとう　　2 うんどう　　3 うとん　　4 うんと

5 英語で 話して ください。
　1 ええご　　2 えご　　3 えいご　　4 えいこ

6 いえから 学校は 遠いです。
　1 とおい　　2 とうい　　3 とい　　4 とっおい

[7] この 歌は みんな よく しって います。

1 うった　　　2 うだ　　　3 うっだ　　　4 うた

[8] 今は 世界の ニュースが テレビで 見られます。

1 せかい　　　2 せっかい　　　3 せいかい　　　4 せっがい

[9] すみません、ちょっと 待って くれませんか。

1 もって　　　2 まって　　　3 たって　　　4 とって

Part 3 模擬試験
もぎしけん

もんだい2 ＿＿＿の ことばは どう かきますか。1・2・3・4から いちばん いい ものを ひとつ えらんで ください。

10 <u>いぬ</u>と ねこと どちらが すきですか。

1 大　　　2 太　　　3 犬　　　4 代

11 お<u>げんき</u>ですか。

1 元気　　　2 元汽　　　3 兀汽　　　4 兀気

12 この へやは <u>ひろい</u>ですね。

1 广い　　　2 広い　　　3 庄い　　　4 仄い

13 <u>えいがかん</u>は こんで いました。

1 英画館　　　2 英家官　　　3 映画館　　　4 映家官

14 ビールを 飲んだら <u>かお</u>が まっかに なりました。

1 顔　　　2 顅　　　3 顏　　　4 顔

15 今日は もう <u>かえり</u>ます。

1 去り　　　2 帰り　　　3 帚り　　　4 返り

もんだい3 （　　）に なにを いれますか。1・2・3・4から いちばん いい ものを ひとつ えらんで ください。

16 時間が ありません。みなさん、（　　　）電車に のって ください。
1 およいで　　2 とどいて　　3 いそいで　　4 みがいて

17 どうろを わたる ときは よく （　　　）して ください。
1 ちゅうい　　2 さんぽ　　3 うんどう　　4 ようい

18 きのう かった とけいを （　　　）こわして しまった。
1 かして　　2 おとして　　3 さがして　　4 ひっこして

19 さらや ナイフ、フォークなどは （　　　）うりばで うって います。
1 しょるい　　2 しょくひん　　3 しょっき　　4 プレゼント

20 かいものは いつも （　　　）の スーパーで します。
1 ところ　　2 ばしょ　　3 だいどころ　　4 きんじょ

21 さいふを （　　　）ので こうばんに とどけました。
1 ひろった　　2 まもった　　3 わらった　　4 もらった

22 この 電車は 何時に （　　　）しますか。
1 けいかく　　2 しゅっぱつ　　3 りょこう　　4 しつもん

Part 3 模擬試験
もぎしけん

23 (　　　) を 見て 買いものを します。

1　カタログ　　　2　ガラス　　　3　カーテン　　　4　ガス

24 この えきは (　　　) が とまらないので ふべんです。

1　きゅうこう　　2　ぎんこう　　3　じんこう　　4　かっこう

25 ぎゅうにくは (　　　) ほうが すきです。

1　おかしい　　　2　きもちいい　　3　きびしい　　4　やわらかい

もんだい4　＿＿＿のぶんと だいたい おなじ いみの ぶんが あります。
1・2・3・4から ひとつ えらんで ください。

26 たいてい 12時ごろに ねます。

1　たまに 12時に ねます。
2　だいたい 12時に ねます。
3　ときどき 12時に ねます。
4　いっしゅうかんに いちど 12時に ねます。

27 たなかさんは　えいごを　にほんごに　ほんやくする　ことが　できます。

1　たなかさんは　わたしに　にほんごを　おしえる　ことが　できます。
2　たなかさんは　わたしに　えいごを　おしえる　ことが　できます。
3　たなかさんは　えいごを　にほんごに　する　ことが　できます。
4　たなかさんは　にほんごを　えいごに　する　ことが　できます。

28 ひさしぶりに　はれました。

1　ながい　あいだ　てんきが　わるかったです。
2　ときどき　あめが　ふりました。
3　きょうも　また　はれました。
4　まいにち　いい　てんきです。

29 この　しょるいを　チェックして　ください。

1　この　しょるいを　やぶって　ゴミばこに　すてて　ください。
2　この　しょるいを　となりの　ひとに　わたして　ください。
3　この　しょるいを　よく　みて　まちがっていたら　なおして　ください。
4　この　しょるいを　コピーして　ください。

30 えきいんが「きっぷを　はいけんします。」と　言いました。

1　きっぷを　やぶります。
2　きっぷを　すてます。
3　きっぷを　かえします。
4　きっぷを　みます。

Part 3 模擬試験

もんだい5 つぎの ことばの つかいかたで いちばん いい ものを 1・2・3・4から ひとつ えらんで ください。

[31] くらべる

1 水の 中に さとうを <u>くらべました</u>。
2 じてんしゃで さかを <u>くらべました</u>。
3 あにと せの 高さを <u>くらべました</u>。
4 先生は わたしに 本を <u>くらべました</u>。

[32] けんかする

1 きのう おとうと <u>けんかしました</u>。
2 おととい こうじょうを <u>けんかしました</u>。
3 つくえに あたまを ぶつけて <u>けんかしました</u>。
4 りょこうを <u>けんかしました</u>が 行けなく なりました。

[33] こしょうする

1 ガラスが <u>こしょうして</u> あぶない。
2 おそくまで はたらいて <u>こしょうして</u> しまった。
3 たいふうで 木が <u>こしょうして</u> しまった。
4 車が <u>こしょうして</u> うごかなく なりました。

[34] さめる

1 つめたい ビールが <u>さめて</u> しまいました。
2 みそしるが <u>さめて</u> しまいました。
3 今日は さむくて へやが <u>さめて</u> しまいました。
4 ストーブの 火が きえて <u>さめて</u> しまいました。

[35] はこぶ

1 きゅうりを 三本 れいぞうこに はこびました。
2 りんごを ひとつ テーブルに はこびました。
3 にもつを 2つ 車に はこびました。
4 サンダルを いっそく くつばこに はこびました。

文法

第1回

もんだい1　（　　）に 何を 入れますか。1・2・3・4から いちばん いい ものを 一つ えらんで ください。

1 時間が（　　）、れんらく できませんでした。
　1 ないらしい　　2 ないように　　3 なくて　　4 ないし

2 この 映画は 10年前に（　　）。
　1 作られた　　2 作れた　　3 作って 来た　　4 作って いい

3 わからない ことが あったら、いつ（　　）聞いて ください。
　1 まで　　2 かも　　3 とか　　4 でも

4 今日は きのう（　　）暑くないです。
　1 ほど　　2 とか　　3 ほう　　4 までに

5 とても 寒いので、あしたは ゆきが ふる（　　）。
　1 つもりだ　　2 かもしれない　　3 ことにする　　4 そうもない

6 A社の 中山さん（　　）人を 知って いますか。
　1 だろう　　2 という　　3 ように　　4 そうな

7 3時から かいぎが あるので、しりょうを 用意して（　　）。
　1 ばかりです　　2 できました　　3 ところです　　4 おきました

8 「早く 朝ごはんを （　　　）。学校に 遅れますよ。」

1　食べそう　　　2　食べていく　　　3　食べなさい　　　4　食べさせて

9 車で とおくへ でかける（　　　）好きです。

1　では　　　　2　でも　　　　3　のが　　　　4　のに

10 けいたい電話を 家に わすれたので、つまに 会社まで 持って 来て
（　　　）。

1　くれた　　　2　もらった　　　3　させた　　　4　された

11 その 仕事が （　　　）、これを 手伝って くれませんか。

1　終わろう　　2　終わるのに　　3　終わらなく　　4　終わったら

12 すぐに 飲める（　　　）、いつも れいぞうこに ジュースが 入れて
あります。

1　ように　　　2　ために　　　3　そうに　　　4　ことに

13 大きい 家ですね。私も （　　　）家に 住みたいです。

1　そんな　　　2　こんな　　　3　そう　　　4　こう

14 あしたは 仕事が 休みだから、早く （　　　）。

1　起きて おく　　　　　　　　2　起きる ようだ
3　起きたことが ある　　　　　4　起きなくても いい

15 むすめが 3さいの ときから、ピアノを （　　　）。

1　習って あげた　　　　　　　2　習ったことが ある
3　習わせて いる　　　　　　　4　習いなさい

Part 3 模擬試験（もぎしけん）

もんだい2 ＿★＿に 入る ものは どれですか。1・2・3・4から いちばん いい ものを 一つ えらんで ください。

(問題例（れい）)

　つくえの ＿＿＿ ＿＿＿ ＿★＿ ＿＿＿ あります。

　　1　が　　　2　に　　　3　上　　　4　ペン

(答（こた）え方（かた）)

1. 正（ただ）しい 文（ぶん）を 作（つく）ります。

つくえの ＿＿＿ ＿＿＿ ＿★＿ ＿＿＿ あります。
3　上　　2　に　　4　ペン　　1　が

2. ＿★＿に 入（はい）る 番号（ばんごう）を 黒（くろ）く 塗（ぬ）ります。

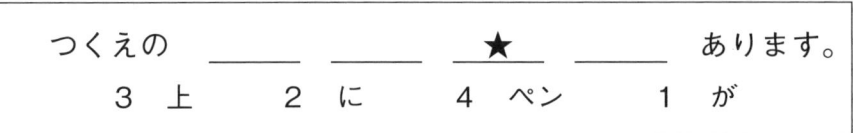

(解答用紙（かいとうようし）)　(例（れい))　① ② ③ ●

112

16 お店の 場所は ____ ____ ★ ____ 。

1 わかる　　　　　　　　　　2 インターネットで
3 しらべれば　　　　　　　　4 だろう

17 ____ ____ ★ ____ かれは おこったままだった。

1 も　　　　2 ていねいに　　　3 あやまって　　　4 どんなに

18 その 仕事は ____ ____ ★ ____ 。

1 私に　　　2 ください　　　3 やらせて　　　4 ませんか

19 先生が 来週の 月曜日は 学校が ____ ____ ★ ____ いました。

1 だ　　　　2 言って　　　3 休み　　　4 と

20 1時間も ねぼうしたので、やくそくの 時間に ____ ____ ★ ____ 。

1 間に合い　　　2 に　　　3 ない　　　4 そう

Part 3 模擬試験（もぎしけん）

もんだい3　21 から 25 に 何を 入れますか。文章の 意味を 考えて、1・2・3・4から いちばん いい ものを 一つ えらんで ください。

案内（あんない）

　私は 2カ月前に 東京（とうきょう）に 来た 留学生（りゅうがくせい）です。だんだん 日本の 生活（せいかつ）にも なれて 21 。先週、私の 国から 友だちが あそびに 来ました。友だちが 銀座（ぎんざ）に 行きたいと 言ったので 案内（あんない）しました。しかし、友だちが 22 と 言った 店は 見つかりませんでした。歩（ある）いて いる 人に 23 よく わかりませんでした。 24 私たちは その 店に 行く ことが できませんでした。これから もっと 上手（じょうず）に 案内（あんない）が できる 25 なりたいです。

114

21
1　なりました　　2　しました　　3　きました　　4　できました

22
1　行かれる　　2　行こう　　3　行く　　4　行かせる

23
1　聞けば　　2　聞くと　　3　聞かれて　　4　聞いても

24
1　または　　2　すると　　3　けれど　　4　それで

25
1　ように　　2　そうに　　3　ために　　4　ことに

Part 3 模擬試験

文法

第２回 20分 /25

もんだい1 （　）に 何を 入れますか。1・2・3・4から いちばん いい ものを 一つ えらんで ください。

1 きのうの 試合で、手（　　）小さい けがを して しまいました。

　1 を　　　2 が　　　3 に　　　4 で

2 一日 アルバイトを したら、1万円（　　）もらえました。

　1 で　　　2 に　　　3 が　　　4 も

3 あ、（　　）5分で 昼休みが 終わりますよ。そろそろ 会社に 戻りましょう。

　1 もう　　　2 あと　　　3 この　　　4 すぐ

4 すみません。（　　）手伝って くれませんか。

　1 だれが　　　2 だれを　　　3 だれに　　　4 だれか

5 山田「こんにちは。たくさん 買い物を した んですね。」
　松本「ええ。きょうは 早く 帰って、たくさん 料理を 作る（　　）なんです。」

　1 つもり　　　2 ところ　　　3 こと　　　4 ばかり

6 仕事が（　　　）終わらなくて、家に 帰るのが 遅く なって しまいました。

1　きっと　　　2　ようやく　　　3　そろそろ　　　4　なかなか

7 この ペン、いいですよ。ちょっと（　　　）ください。

1　書かせて　　　　　　　　　2　書いて もらって
3　書いて みて　　　　　　　4　書くよう

8 この 牛乳は 古い ようで、ちょっと 変な 味（　　　）。

1　そうです　　2　がします　　3　ではじめます　　4　はずです

9 わたしは、うちで コーヒーを（　　　）、インターネットを する ことが 多いです。

1　飲んでも　　2　飲んだなら　　3　飲めば　　4　飲みながら

10 山田さんに、わたしの 国の 料理に ついて（　　　）、写真を 見せました。

1　聞きたいので　　　　　　　2　聞かせたので
3　聞いたので　　　　　　　　4　聞かれたので

11 田中「もしもし。今 どこですか。」
　　山田「すみません。今から うちを（　　　）なんです。」

1　出たい ところ　　　　　　2　出ている ところ
3　出る ところ　　　　　　　4　出た ところ

Part 3 模擬試験（もぎしけん）

12 あしたは 休みなので、娘（むすめ）（　　　）おいしい ケーキを 作ります。

1　のように　　　2　らしい　　　3　のことに　　　4　のために

13 ダイエットしたら、Mサイズの 服（ふく）が（　　　）。

1　着（き）るように なりました　　　2　着（き）られるように なりました
3　着（き）られなく なりました　　　4　着（き）るばかりに なりました

14 妻（つま）の 料理（りょうり）は おいしくて、いつも （　　　）しまいます。

1　食べようで　　2　食べたくて　　3　食べないと　　4　食べすぎて

15 この くつは ジョギングには 合わない。もっと （　　　）くつが ほしい。

1　走（はし）りかたの　　2　走（はし）ってみる　　3　走（はし）りやすい　　4　走（はし）るように

もんだい2 ★ に 入る ものは どれですか。1・2・3・4から いちばん いい ものを 一つ えらんで ください。

16 わたしは 長い 時間 ＿＿＿ ＿＿＿ ★ ＿＿＿ 、来月 マラソン大会に 出ます。

1　のが　　　　2　好きな　　　　3　ので　　　　4　走る

17 この 本を ＿＿＿ ＿＿＿ ★ ＿＿＿ 、わからなく なって しまいました。

1　か　　　　2　どこ　　　　3　まで　　　　4　読んだ

18 大学生の 娘が いつ ＿＿＿ ＿＿＿ ★ ＿＿＿ 、部屋は そのままに して あります。

1　ように　　　　2　帰って　　　　3　いい　　　　4　きても

19 パソコン ＿＿＿ ＿＿＿ ★ ＿＿＿ もらいました。

1　を　　　　2　教えて　　　　3　使いかた　　　　4　の

20 さくらさんが ＿＿＿ ＿＿＿ ★ ＿＿＿ と 思いました。

1　絵は　　　　2　かいた　　　　3　きれいだ　　　　4　色が

Part 3 模擬試験（もぎしけん）

もんだい3　21　から　25　に　何を　入れますか。文章の　意味を　考えて、1・2・3・4から　いちばん　いい　ものを　一つ　えらんで　ください。

字の　練習

最近、字を　練習する　教室に　通って　います。子どもが　多い　教室で、大人は　私と　あと　一人しか　いません。教室に　21　と　思った　理由は、二つ　あります。一つは、字を　書く　ことが　22　、あまり　字が　きれいじゃない　ことです。最近は「パソコンを　使うから、あまり　字が　きれいじゃ　なくても　いい」という　人が　多いですが、私は　先生なので、教室で　よく　字を　書きます。学生に「先生、　23　」と　言われて、はずかしいと　思いました。もう　一つは、字の　練習を　して　いるときは、静かな　気持ちに　なれる　ことです。仕事の　ことや、ほかの　いろいろな　ことを　24　、静かに　字を　書きます。字は　25　上手に　なって　いませんが、毎日　少しずつ　練習したいです。

[21]
1 通（かよ）ってしまう　　　2 通（かよ）えない
3 通（かよ）うだろう　　　　4 通（かよ）おう

[22]
1 多（おお）いなら　　　　　2 多（おお）いのに
3 多（おお）ければ　　　　　4 多（おお）かったので

[23]
1 読めません　　　　　　　　2 読ませません
3 読まれません　　　　　　　4 読ませられません

[24]
1 考（かんが）えるのに　　　2 考（かんが）えたところ
3 考（かんが）えないで　　　4 考（かんが）えたくて

[25]
1 たまに　　　2 まだ　　　3 もう　　　4 しばらく

第3回

もんだい1 （　　）に 何を 入れますか。1・2・3・4から いちばん いい ものを 一つ えらんで ください。

1 アイスクリームを （　　　）と、おなかが いたく なりますよ。

　1　食べていく　　　2　食べそうだ　　　3　食べすぎる　　　4　食べてくる

2 母の 日に かさを プレゼントする （　　　）です。

　1　ところ　　　　2　ばかり　　　　　3　つもり　　　　　4　ように

3 これは 使い方が かんたんなので、子どもでも （　　　）です。

　1　わかるはず　　2　わかろう　　　　3　わかりたい　　　4　わかっておく

4 カメラが （　　　）スマホが あれば 写真を とれます。

　1　ないと　　　　2　なさそうで　　　3　なくなる　　　　4　なくても

5 電車で ねて いる （　　　）に さいふを とられて しまった。

　1　ちゅう　　　　2　あいだ　　　　　3　じゅう　　　　　4　ため

6 きせつが かわるとき、かぜを （　　　）。

　1　ひきなさい　　　　　　　　　　　2　ひかせます
　3　ひきすぎます　　　　　　　　　　4　ひきやすいです

7 いそがしくて へやの そうじが (　　　) できない。
　1 なるほど　　　2 なかなか　　　3 できるだけ　　　4 だんだん

8 この 家は 来月 10日 (　　　) 建てなければ ならない。
　1 でも　　　2 かどうか　　　3 しか　　　4 までに

9 あたたかく なって (　　　) ので ストーブを かたづけました。
　1 きた　　　2 みる　　　3 くれる　　　4 おく

10 田中さんに よると 電車は 事故で おくれて いる (　　　)。
　1 ことだ　　　2 らしい　　　3 ばかりだ　　　4 ようになる

11 月 (　　　) 一回、料理教室で 日本料理を 習って います。
　1 で　　　2 の　　　3 は　　　4 に

12 もし ひま (　　　) そうじを てつだって。
　1 だから　　　2 に　　　3 なのに　　　4 なら

13 この 本は 字が 小さくて、(　　　) です。
　1 読む　　　2 読んでいる　　　3 読んだ　　　4 読みにくい

Part 3 模擬試験

14 シャツが よごれたので、帰ってから (　　　) と 思って います。

1　せんたくしよう　　　　　　2　せんたくするよう
3　せんたくさせる　　　　　　4　せんたくされる

15 本を (　　　) 食事するのは、よくないですよ。

1　読もうと　　2　読まないと　　3　読みそうに　　4　読みながら

もんだい2 ___★___ に 入る ものは どれですか。1・2・3・4から いちばん いい ものを 一つ えらんで ください。

16 肉 _____ _____ ★ _____ そうだ。

1　体に　　　　2　しか　　　　3　よくない　　　　4　食べないのは

17 道が _____ _____ ★ _____ もらいました。

1　かいて　　　2　ので　　　　3　地図を　　　　　4　わからない

18 わかい _____ _____ ★ _____ ほうが いい。

1　いろいろな　2　ときに　　　3　けいけんした　　4　ことを

19 海外旅行へ _____ _____ ★ _____ 、空港で 気が つきました。

1　忘れた　　　2　パスポートを　3　ことに　　　　4　行くのに

20 日本 _____ _____ ★ _____ あります。

1　きょうみが　2　の　　　　　3　建物に　　　　　4　古い

Part 3 模擬試験

もんだい3 　21 から 25 に 何を 入れますか。文章の 意味を 考えて、1・2・3・4から いちばん いい ものを 一つ えらんで ください。

リモコン

いま、リモコンは どの 家にも ある。エアコンの リモコン、テレビの リモコン、ストーブや ラジオの リモコン 21 、家電の ほとんどに リモコンが ついて いて、家の あちこちに おかれて いる。

ある日、私は エアコンを 22 と 思って 机の 上の リモコンを 取った。そして、エアコンに むかって ボタンを おした。 23 、エアコンは 動かなかった。リモコンが こわれたのかと 思って、リモコンを よく 見た。それは、テレビの リモコンだった。また、テレビを つけようと 思って、子どもの ゲームの 機械を 使おうと した 24 。

ぎじゅつは すすんで、生活は どんどん 便利に なるが、それに おくれると はんたいに 不便に 25 だろう。

21
1 など　　　　2 から　　　　3 が　　　　4 を

22
1 つけるなら　　2 つけよう　　3 つけて　ある　　4 つけそう

23
1 そして　　　　2 それから　　3 また　　　4 しかし

24
1 かもしれない　　　　　　　2 ことも　ある
3 そうで　ある　　　　　　　4 つもりだった

25
1 とって　しまう　　　　　　2 いって　しまう
3 なって　しまう　　　　　　4 なる　つもり

● 著者

森本 智子（ルネッサンス ジャパニーズ ランゲージスクール専任講師）
高橋 尚子（熊本外語専門学校専任講師）
渡邉 亜子（元明海大学非常勤講師）

レイアウト・DTP	オッコの木スタジオ
カバーデザイン	花本浩一
翻訳	Alex Ko Ransom ／ Nguyen Van Anh

ご意見・ご感想は下記のURLまでお寄せください。
https://www.jresearch.co.jp/contact/

日本語能力試験　N4直前対策ドリル＆模試　文字・語彙・文法

令和元年（2019年）　6月10日　初版第1刷発行
令和6年（2024年）10月10日　　第4刷発行

著　者　森本智子・高橋尚子・渡邉亜子
発行人　福田富与
発行所　有限会社Jリサーチ出版
　　　　〒166-0002　東京都杉並区高円寺北2-29-14-705
電　話　03(6808)8801（代）　FAX 03(5364)5310
編集部　03(6808)8806
　　　　https://www.jresearch.co.jp
　　　　twitter公式アカウント　@ Jresearch_
　　　　https://twitter.com/Jresearch_
印刷所　中央精版印刷株式会社

ISBN 978-4-86392-408-6
禁無断転載。なお、乱丁、落丁はお取り替えいたします。

©2019, Tomoko Morimoto, Naoko Takahashi, Ako Watanabe　All rights reserved.　Printed in Japan

別冊 解答
べっさつ かいとう

Separate Volume
Answers and Explanations

Phụ lục
Lời giải, giải thích

Part 1　実戦ドリル　文字・語彙　第1回～第15回
　　　　じっせん　　もじ・ごい　　だいかい だいかい
　　　　テーマ別ミニ講座
　　　　　　べつ　　こうざ

Part 2　実戦ドリル　文法　　　　第1回～第15回
　　　　じっせん　　ぶんぽう　　だいかい だいかい
　　　　テーマ別ミニ講座
　　　　　　べつ　　こうざ

Part 3　模擬試験　文字・語彙　第1回～第3回
　　　　もぎしけん　もじ・ごい　だいかい だいかい
　　　　模擬試験　文法　　　　第1回～第3回
　　　　もぎしけん　ぶんぽう　　だいかい だいかい

Part 3　模擬試験　解答用紙
　　　　もぎしけん　かいとうようし

Part 1 実戦ドリル 文字・語彙

解答

第1回

もんだい1 ❶4 ❷2 ❸3 ❹1 ❺3

- ❷ 急=キュウ／いそ-ぐ 例 急な用事、急いで行く
- ❸ 洗=セン／あら-う 例 洗濯、手を洗う
- ❹ 弱=よわ-い、よわ-る 例 弱者、力が弱い

もんだい2 ❶2 ❷1 ❸4

- ❶ 動=ドウ／うご-く 例 動物
- ❷ 今=コン／いま 例 今月、今

もんだい3 ❶4 ❷2 ❸4 ❹1 ❺2

ことばと表現

- □ 払う: pay／trả
- □ やわらかい: soft／mềm
- □ おかえりなさい: 家にいる人が、帰って来た人に言うあいさつ
- □ ゆび: finger／ngón tay
- □ ガラス: glass／thủy tinh, kính

もんだい4 ❶3 ❷1

ことばと表現

- □ 家内: 妻、奥さん
- □ よごれる: きたなくなる

もんだい5 ❶4 ❷2

- ❶ 1は「ひどい」、2は「よくない」、3は「よく」などが合う。
- ❷ 1は「使い方」、3は「行き方」、4は「原因」などが合う。

第2回

もんだい1 ❶3 ❷1 ❸2 ❹4 ❺1

- ❸ 短=タン／みじか-い 例 短時間、短い髪
- ❹ 招=ショウ／まね-く 例 招待する
  待=タイ／ま-つ 例 バスを待つ
- ❺ 住=ジュウ／す-む 例 住人、東京に住む
  所=ショ／ところ 例 場所、生まれた所

もんだい2 ❶4 ❷3 ❸1

- ❶ 太=タ、タイ／ふと-い、ふと-る 例 太い木、太ったねこ
- ❷ 考=コウ／かんが-える 例 考える
- ❸ 池=チ／いけ 例 電池、池の魚

もんだい3 ❶2 ❷1 ❸4 ❹2 ❺3

ことばと表現

- □ 磨く: 汚れているものをきれいにする
- □ 恥ずかしい: embarrassing／xấu hổ
- □ しばらく: a while／một lúc, lâu

もんだい4 ❶2 ❷4

ことばと表現

- □ 冷める: 温度が下がる
- □ めずらしい: とても少ない

もんだい5 ❶2 ❷3

- ❶ 1は「好き」、3は「楽しい」、4は「おもしろい」が合う。
- ❷ 1は「色・カラー」、2は「タイプ」、4は「種類」が合う。

実戦ドリル　文字・語彙　解答

第3回

もんだい1 ❶1　❷3　❸3　❹4　❺2

▶❶ 学＝ガク／まな-ぶ　例 大学、日本語を 学ぶ
　　習＝シュウ／なら-う　例 予習する、ピアノを 習う
▶❹ 世＝セ／よ　例 世の中
　　界＝カイ　例 世界、自然界
▶❺ 好＝コウ／す-き　例 好きな 色

もんだい2 ❶2　❷3　❸2

▶❶ 村＝ソン／むら　例 市町村、山の 中の 村
▶❷ 貸＝か-す　例 車を 貸す
▶❸ 重＝ジュウ／おも-い　例 体重、重い かばん

もんだい3 ❶1　❷3　❸2　❹1　❺4

ことばと表現

□ 複雑（な）：complicated／phức tạp
□ セット：set／bộ (set)
□ 守る：defend／bảo vệ
□ かしこまりました：humble form of「わかりました」／từ khiêm nhường của わかりました

もんだい4 ❶4　❷3

ことばと表現

□ 故障する：壊れて 動かなく なる
□ 減る：少なく なる

もんだい5 ❶1　❷2

▶❶ 2は「メモする、書く」、3は「調べる」、4は「保存する、登録する」が 合う。
▶❷ 1は「ずっと」、3は「なかなか」、4は「ほとんど」が 合う。

第4回

もんだい1 ❶3　❷2　❸2　❹1　❺4

▶❷ 走＝ソウ／はし-る　例 走行する、駅まで 走る
▶❹ 悪＝アク、オ／わる-い　例 天気が 悪い
▶❺ 合＝ゴウ／あ-う、あ-わせる　例 合格、場合、予定を 合わせる

もんだい2 ❶4　❷1　❸3

▶❶ 歩＝ホ／ある-く　例 歩道、右側を 歩く
▶❸ 親＝シン／おや　例 父親、親しい 友人
　　切＝セツ／き-る、き-れる　例 親切、髪を 切る

もんだい3 ❶2　❷2　❸4　❹3　❺1

ことばと表現

□ 大事（な）：important／quan trọng
□ できるだけ：as much as possible／trong khả năng có thể
□ 意見：opinion／ý kiến
□ 捨てる：throw away／vứt bỏ

もんだい4 ❶4　❷3

ことばと表現

□ うまい：おいしい
□ ちっとも ～ない：全然～ない

もんだい5 ❶3　❷1

▶❶ 1は「お金」、2は「おつり」、4は「値段」が 合う。
▶❷ 2は「止めて」、3は「止む」、4は「止まって」が 合う。

Part 1 実戦ドリル 文字・語彙

第5回

もんだい1 ①2 ②4 ③1 ④2 ⑤3

▶ ① 鳥＝とり 例小鳥
▶ ② 観＝カン 例観光、観察する
　　光＝コウ／ひかり、ひか-る 例星が光る
▶ ⑤ 始＝シ／はじ-める、はじ-まる 例開始する、勉強を始める

もんだい2 ①2 ②2 ③4

▶ ① 広＝コウ／ひろ-い 例広場、広い家
▶ ② 昼＝チュウ／ひる 例昼食、昼休み
▶ ③ 止＝シ／と-める、と-まる 例中止する、車を止める

もんだい3 ①3 ②4 ③4 ④2 ⑤1

ことばと表現

□ 乾く：dry／khô
□ リモコン：remote controller／điều khiển từ xa
□ 音がなる：音が出る
□ うれしい：happy／vui mừng
□ 売り場：店の 中の 売って いる 場所

もんだい4 ①3 ②2

ことばと表現

□ 治る：病気などが よくなる
□ パソコン：コンピューター

もんだい5 ①4 ②2

▶ ① 1は「だいぶ」、2は「たまに」、3は「一度も」などが 合う。
▶ ② 1は「変な」、3は「難しい」、4は「無理」などが 合う。

第6回

もんだい1 ①2 ②2 ③4 ④1 ⑤1

▶ ② 家＝カ／いえ 例わたしの 家

もんだい2 ①3 ②2 ③4

▶ ① 名＝メイ／な 例名前
▶ ② 事＝ジ／こと 例食事
▶ ③ 習＝シュウ／なら-う 例明日の 予習をする

もんだい3 ①4 ②4 ③4 ④2 ⑤1

ことばと表現

□ 恥ずかしい：embarrassing／xấu hổ 例恥ずかしい 写真
□ ずっと：for a long time／suốt 例ずっと 忙しい
□ ミス：失敗
□ 足りる：be sufficient／đủ 例お金が 足りる
□ 予習(する)：(to) prepare／soạn bài
　⇔復習(する)：(to) review／ôn bài

もんだい4 ①4 ②2

ことばと表現

□ 変な：strange／kì cục 例変な 店
□ 呼ぶ：call／gọi 例店員を 呼ぶ

もんだい5 ①3 ②1

▶ ① 1は「やむ」、2は「片付ける」、4は「なくなる」などが 合う。
▶ ② 2は「ずいぶん」、3は「だいぶ」、4は「とても」などが 合う。

実戦ドリル　文字・語彙　解答

第7回

もんだい1　❶4　❷2　❸2　❹1　❺2

▶❺ 行＝コウ／い-く、おこな-う　例 コンビニへ 行く、大会を 行う

もんだい2　❶4　❷4　❸1

▶❷ 始＝はじ-める、はじ-まる　例 テストを 始める
▶❸ 強＝キョウ、つよ-い　例 勉強

もんだい3　❶4　❷1　❸2　❹1　❺1

ことばと表現
- 間に合う：make in time／kịp　例 電車に 間に合う
- セール：sale／giảm giá　例 デパートの セール
- 拾う：pick up／nhặt　例 さいふを 拾う
- 夢：dream／giấc mơ
- 悲しい：sad／buồn　例 悲しい 気分

もんだい4　❶4　❷1

ことばと表現
- キッチン：kitchen／nhà bếp
- 復習（する）：(to) review／ôn bài

もんだい5　❶1　❷1

▶❶ 2は「中」、3・4は「間」などが合う。
▶❷ 2は「入っていない」、3は「人が少ない」、4は「ほとんど書いていない」などが合う。

第8回

もんだい1　❶2　❷4　❸4　❹2　❺4

▶❸ 明＝メイ／あか-るい　例 説明する、部屋が 明るい
▶❹ 物＝ブツ、モツ／もの　例 動物、荷物
▶❺ 心＝シン／こころ　例 安心、きれいな 心

もんだい2　❶1　❷2　❸4

▶❸ 色＝シキ／いろ　例 赤色

もんだい3　❶1　❷1　❸1　❹4　❺4

ことばと表現
- ～以外：other than ～／ngoài ～　例 日本人 以外
- とうとう：at long last／cuối cùng cũng ～　例 とうとう できた
- 受ける：receive／nhận　例 連絡を 受ける
- 理由：reason／lí do
- 火事：fire／hỏa hoạn

もんだい4　❶1　❷4

ことばと表現
- 治る：get better／khỏi bệnh　例 病気が 治る
- 複雑な：complicated／phức tạp　例 複雑な 問題

もんだい5　❶1　❷1

▶❶ 2は「手伝う」、3は「掃除」、4は「修理」などが合う。
▶❷ 2は「一番」、3は「最初に」、4は「上」などが合う。

Part 1 実戦ドリル 文字・語彙

第9回

もんだい1 ❶3 ❷1 ❸3 ❹2 ❺4

- ❷ 去=キョ、コ 例去年
- ❸ 売=バイ／う-る、う-れる 例野菜を売る
- ❹ 都=ト、ツ 例都会
- ❺ 着=き-る、つ-く 例シャツを着る

もんだい2 ❶3 ❷1 ❸1

- ❶ 真=シン、ま 例道の真ん中
- ❷ 切=セツ／き-る、き-れる 例パンを切る
- ❸ 通=ツウ／とお-る、かよ-う 例交通、店に通う

もんだい3 ❶2 ❷3 ❸1 ❹3 ❺1

ことばと表現

- □ (店が)できる：complete ／ hoàn thành 例橋ができる
- □ 熱心な：passionate ／ nhiệt tình 例熱心な先生
- □ サイズ：size ／ cỡ
- □ 途中：midway ／ giữa chừng 例駅に行く途中
- □ 倍：~ times ／ ~ lần 例3倍に増える

もんだい4 ❶1 ❷2

ことばと表現

- □ 出発する：(to) depart ／ xuất phát

もんだい5 ❶4 ❷1

- ❶ 1・2・3は「行く」などが合う。
- ❷ 2は「もうすぐ」、3は「さっき」、4は「そろそろ」などが合う。

第10回

もんだい1 ❶1 ❷3 ❸4 ❹2 ❺3

- ❶ 合=ゴウ／あ-う 例全部の合計
- ❷ 場=ジョウ／ば 例あそこの場所
- ❹ 作=サク、サ／つく-る 例英語で作文を書く、パンを作る

もんだい2 ❶3 ❷2 ❸4

- ❷ 音=オン／おと 例うるさい音
- ❸ 集=あつ-まる、あつ-める 例人が集まる、ごみを集める

もんだい3 ❶1 ❷2 ❸2 ❹2 ❺1

ことばと表現

- □ 退院する：(to) leave a hospital ／ xuất viện
- □ 代わりに：in place of ／ thay cho ~ 例友だちの代わりに出席する
- □ 味：flavor ／ vị
- □ すっかり：utterly ／ hoàn toàn 例すっかり治る
- □ 将来：future ／ tương lai 例将来の夢

もんだい4 ❶1 ❷1

ことばと表現

- □ 人口：population ／ dân số 例人口が増える
- □ 卒業する：(to) graduate ／ tốt nghiệp 例大学を卒業する

もんだい5 ❶4 ❷3

- ❶ 1は「置く」、2は「入れる」、3は「かぶる」などが合う。
- ❷ 1は「消す」、2は「入れない」、4は「なくなる」などが合う。

実戦ドリル　文字・語彙　解答

第11回

もんだい1　❶ 3　❷ 4　❸ 4　❹ 1　❺ 2

▶ ❸ 楽＝ガク、ラク／たの-しい、たの-しむ
　　例 楽な仕事、楽しい旅行、食事を楽しむ

もんだい2　❶ 3　❷ 2　❸ 1

▶ ❶ 図＝ズ・ト　例 地図、図書館
▶ ❷ 暗＝くら-い　例 暗い道
▶ ❸ 開＝あ-く、あ-ける、ひら-く　例 店が開く、箱を開ける、花が開く

もんだい3　❶ 3　❷ 1　❸ 4　❹ 3　❺ 2

ことばと表現

☐ 具合：condition／tình trạng, tình hình　例 体の具合がよくなった。

☐ どんどん：rapidly／nhanh, nhiều　例 どんどん進む、どんどん食べる

☐ やわらかい：soft／mềm　例 この肉はやわらかい。

☐ 間に合う：in time／kịp giờ　例 授業に間に合わない。

☐ つながる：connect／nối với nhau　例 山の中にいるので、電話がつながらない。

もんだい4　❶ 2　❷ 1

ことばと表現

☐ 届ける：deliver／đưa đến, phát đến「お＋届ける＋する」の形。(humble language／từ khiêm nhường)

☐ 復習する：(to) review／ôn tập　例 家で、今日の授業の復習をします。

もんだい5　❶ 2　❷ 1

▶ ❶ 1は「あげる」、3は「くれる」、4は「送る」などが合う。
▶ ❷ 2は「お金」、3は「価格」、4は「お金・費用」などが合う。

ことばと表現

☐ 配る：distribute／phát　例 テストを配る

☐ 料金：fee／phí　例 タクシーの料金、ガス料金

第12回

もんだい1　❶ 3　❷ 2　❸ 1　❹ 2　❺ 1

▶ ❶ 者＝シャ／もの　例 医者、研究者
▶ ❸ 短＝タン／みじか-い　例 短期大学
▶ ❹ 通＝ツウ／かよ-う、とお-る　例 大学に通う、地下を通る
▶ ❺ 集＝あつ-める、あつ-まる　例 ごみを集める、人が集まる

もんだい2　❶ 2　❷ 3　❸ 3

▶ ❸ 会＝カイ／あ-う　例 会議、人と会う

もんだい3　❶ 1　❷ 2　❸ 2　❹ 4　❺ 3

ことばと表現

☐ 連絡(する)：(to) contact／liên lạc　例 休むときは連絡してください。

☐ 遠慮(する)：(to be) modest／ngại, không làm gì đó　例 パーティーに呼ばれたが、遠慮した。

☐ なかなか～ない：having a hard time ~ing／mãi mà không　例 なかなか決められない

☐ はっきり：clearly／rõ ràng　例 はっきり言う

☐ やっぱり：after all／quả là　例 何回読んでも、やっぱりわからない。

もんだい4　❶ 3　❷ 4

ことばと表現

☐ ～以上：more than ～／～ trở lên

☐ 試着(する)：to try on／mặc thử　例 服を買うときは、買う前に必ず試着します。

もんだい5　❶ 2　❷ 4

▶ ❶ 1・3は「気に入る」、4は「気持ちがいい」などが合う。
▶ ❷ 1は「取る」、2は「ふく」、3は「はがす」などが合う。

ことばと表現

☐ 気にする：concern oneself about／để ý　例 人の意見を気にする

☐ 拾う：pick up／nhặt　例 さいふを拾う

Part 1 実戦ドリル 文字・語彙

第13回

もんだい1 ❶3 ❷3 ❸4 ❹1 ❺2

▶❶ 兄＝キョウ／あに 例兄弟、私の兄
  ※おにいさん
  弟＝ダイ／おとうと 例兄弟、私の弟
▶❷ 台＝ダイ・タイ 例台所、車3台、台風
  風＝フウ／かぜ 例台風／風が吹く

もんだい2 ❶3 ❷1 ❸3

▶❷ 急＝キュウ／いそ-ぐ 例急な用事、急行、特急

もんだい3 ❶3 ❷3 ❸1 ❹4 ❺1

ことばと表現

□ かっこう： appearance／dáng vẻ 例祭りのときのかっこう
□ すっかり： completely／hoàn toàn 例すっかり元気になる
□ しばらく： a while／một lúc 例しばらく休む
□ したく： (to) prepare／chuẩn bị 例夕飯のしたく
□ たす： add／thêm vào 例さとうを足す

もんだい4 ❶3 ❷2

ことばと表現

□ 片付ける： clean up／dọn dẹp 例部屋を片付ける
□ 寝坊(する)： (to) oversleep／ngủ quên 例寝坊して電車に遅れた

もんだい5 ❶4 ❷1

▶❶ 1は「買う」、2は「とる」、3は「入れる」などが合う。
▶❷ 2は「お願いする」、3は「あいさつする」、4は「お礼を言う」などが合う。

ことばと表現

□ 選ぶ： choose／lựa chọn 例メニューを選ぶ
□ 謝る： apologize／xin lỗi 例遅れたので謝る

第14回

もんだい1 ❶4 ❷1 ❸4 ❹2 ❺1

▶❺ 中＝チュウ／なか 例電話中、食事中、部屋の中
  止＝シ／と-まる、と-める 例時計が止まる、機械を止める

もんだい2 ❶1 ❷1 ❸3

もんだい3 ❶2 ❷2 ❸2 ❹3 ❺3

ことばと表現

□ 緊張する： (to be) nervous／hồi hộp 例たくさんの人の前で緊張する
□ 通う：授業や仕事などのために、同じところに何度も行く 例毎日病院に通う
□ ほめる： praise／khen 例生徒をほめる
□ 迷う： get lost／đắn đo, lạc đường 例道に迷う、どっちに行くか迷う
□ 島： island／đảo 例島のまわりの海

もんだい4 ❶2 ❷2

ことばと表現

□ お宅： polite word for「家」／từ lịch sự của 家
□ うかがう： humble word for「行く」／từ khiêm nhường của 行く
□ 急な用事：予定していなかった用事。

もんだい5 ❶1 ❷3

▶❶ 2・4は「多い」、3は「太る」などが合う。
▶❷ 1は「増やす」、2は「立てる」、4は「建てる」などが合う。

ことばと表現

□ じゃま(な)： in the way／làm phiền, vướng víu 例じゃまな荷物

実戦ドリル　文字・語彙　解答

第15回

もんだい1 ❶2 ❷1 ❸3 ❹2 ❺4

▶ ❶ 教＝キョウ／おし-える　例 教師、教室、英語を教える
▶ ❸ 意＝イ　例 意味、注意
　　見＝ケン／み-る　例 意見、見物、花見

もんだい2 ❶3 ❷1 ❸2

▶ ❸ 物＝ブツ／もの　例 動物、品物、食べ物、忘れ物

もんだい3 ❶1 ❷2 ❸1 ❹4 ❺3

ことばと表現
- 上がる：rise／tăng　例 値段が上がる
- 温かい：warm／ấm　例 温かいスープ
- 確かめる：confirm／kiểm tra　例 値段を確かめる
- 知らせる：let know／thông báo　例 場所を知らせる

もんだい4 ❶2 ❷1

ことばと表現
- 失敗(する)：to fail／thất bại
- 思い出す：remember／nhớ ra　例 名前を思い出す

もんだい5 ❶3 ❷2

▶ ❶ 1は「翻訳する」、2は「変える」、4は「換える」などが合う。
▶ ❷ 1は「ふる」、3は「かける」、4は「取る」などが合う。

ことばと表現
- 乗り換える：transfer／đổi tàu xe　例 次の駅で急行に乗り換える
- 投げる：throw／ném　例 石を投げる

テーマ別ミニ特訓講座  確認ドリル

1. 漢字の訓読み
①a ②b ③a ④a ⑤b ⑥a ⑦b ⑧a ⑨a ⑩b

2. 自他動詞
①a ②b ③a ④b ⑤b ⑥a ⑦a ⑧b ⑨b ⑩a

3. する動詞
①c ②b ③a ④a ⑤b ⑥a ⑦c ⑧a ⑨a ⑩c

4. い形容詞
①a ②a ③a ④a ⑤b ⑥b ⑦a ⑧b ⑨a ⑩a

5. な形容詞
①b ②a ③a ④a ⑤b ⑥a ⑦b ⑧b ⑨b ⑩a

6. 副詞・否定表現
①b ②b ③a ④b ⑤a ⑥a ⑦b ⑧a ⑨b ⑩b

7. カタカナ
①c ②a ③b ④c ⑤c ⑥a ⑦b ⑧a ⑨a ⑩b

Part 2 実戦ドリル 文法

解答

第1回

もんだい1 ❶2 ❷1 ❸3 ❹2 ❺4 ❻4 ❼1 ❽3

ことばと表現

□ ～ていく　例 これから 暑くなっていく。
（indicates a change going forward／thể hiện sự thay đổi từ nay về sau）

□ ～のに　例 この 服は、母に あげるのに 買いました。（goal／mục đích）

もんだい2 ❶4 ❷3

▶❶ 母より ₃父の ₁ほう ₄が ₂料理が うまいです。

▶❷ この パソコンは ₁きっと ₄とても ₃高い ₂だろう。

もんだい3 ❶2 ❷4 ❸1 ❹3

▶❶「もし」⇒ Indicates the state of a hypothesis.／diễn tả trạng thái giả định

▶❷ 前が「行った」⇒ an expression that follows a ta-form／cách nói tiếp theo thể た

▶❸ 夕方に なると ₄犬が ₁さんぽに ₂行き ₃たがります。

▶❹ わからないなら、先生に ₂聞いて ₃みたら ₁どう ₄ですか。

もんだい3 ❶3 ❷3 ❸2 ❹4

▶❸ 後ろの 文は、お店に 行った 理由を 説明している。

▶❹「残念だ」という 気持ちを 表している。

第3回

もんだい1 ❶1 ❷3 ❸4 ❹2 ❺3 ❻1 ❼1 ❽4

ことばと表現

□ ～が する　例 この お茶は、へんな 味がする。（indicates a sense such as sound, voice, taste, or smell／diễn tả cảm giác về âm thanh, giọng nói, mùi, vị…）

□ ～な（命令形）　例 この 中に 入るな。（＝～しては いけません）

もんだい2 ❶3 ❷1

▶❶ この 町は 安全だし ₁食べ物 ₄も ₃おいしい ₂し、住みやすいです。

▶❷ 田中さんに この 会社を ₃しょうかい ₄して ₁もらい ₂ました。

もんだい3 ❶1 ❷4 ❸3 ❹2

▶❶ 自分より 下の 人や 動物に 言う ときの 表現。

▶❸ ケンに 命令している。

第2回

もんだい1 ❶1 ❷3 ❸1 ❹2 ❺4 ❻4 ❼3 ❽4

ことばと表現

□ ～よう　例 この 店は、今日は 休みの ようです。（guess／dự đoán）

□ ～なくて　例 時間が なくて、電話が できませんでした。（reason／lý do）

□ ～も　例 林さんは 車を 3台も 持っている。（「多い」という 気持ちを 表す）

もんだい2 ❶2 ❷1

第4回

もんだい1 ❶2 ❷2 ❸4 ❹3 ❺1 ❻4 ❼3 ❽1

ことばと表現

□ 使役受身形　例 子どもの とき、母に 野菜を たくさん 食べさせられた。

実戦ドリル　文法　解答

- □ ～でも　例明日は映画でも見ようと思います。(demonstrates an example／đưa ra ví dụ)
- □ ～ことになる　例木村さんが結婚することになりました。(＝～ということに決まる)

もんだい2　❶4　❷2
- ❶ 北海道に₃行った₁こと₄が₂ありますか。
- ❷ さっき₄家に₂帰って₃来た₁ところです。

もんだい3　❶1　❷2　❸4　❹1
- ❷「もし～たら」⇒ indicates a hypothesis／giả định
- ❸ 駅員の注意を受けるのは「食べている人」⇒ passive form／thể bị động

第5回

もんだい1　❶3　❷2　❸3　❹4　❺1
　　　　　　❻1　❼3　❽2

ことばと表現
- □ ～のに　例メールを送ったのに、返事がありません。(a result opposite of what was expected／kết quả ngược lại với phỏng đoán)
- □ ～までに　例朝8時半までに、会社に行く。(time limit／thời hạn)
- □ ～なくちゃ　例これはすぐに、部長に知らせなくちゃ。(＝～なければならない)

もんだい2　❶3　❷4
- ❶ 体のぐあいが悪いので、₄あした₂病院へ₃行く₁ことにした。
- ❷ このホテルが₂どこ₃に₄あるか知っていますか。

もんだい3　❶2　❷2　❸3　❹4
- ❶ この後で2つ目の理由を言っているので、並列を表す言葉 (a word that indicates parallelism／từ liệt kê) が入る。
- ❹「いけない」で禁止を表しているので、前に「～ては」が入る。

第6回

もんだい1　❶2　❷2　❸1　❹2　❺2
　　　　　　❻2　❼4　❽1

ことばと表現
- □ ～によって　例この橋はA国によって作られました。(doer／người thực hiện hành động)
- □ ～たばかり　例今起きたばかりです。(right after／ngay sau đó)

もんだい2　❶3　❷2
- ❶ ₁こわれた₄パソコンは₃どうやって₂捨てたらいいですか。
- ❷ きのう₁買った₃新しい₂服は₄子どもに汚されてしまいました。

もんだい3　❶2　❷1　❸2　❹3
- ❷「なかなか」⇒「なかなか～ない」で使う。
- ❹ 前に「見るだけで」があるから、「できないこと」が後ろに来る。

第7回

もんだい1　❶4　❷1　❸2　❹1　❺2
　　　　　　❻1　❼2　❽1

ことばと表現
- □ ～ように　例試合に勝てるようにがんばります。(goal／mục đích)
- □ ～て　例お金がなくて、買えません。(reason／lý do)

もんだい2　❶1　❷3
- ❶ 何か₃困った₂ことが₁あったら₄いつでも電話をくださいね。
- ❷ ₁みんな₄で₃撮った₂写真を、つくえの上に飾ります。

もんだい3　❶1　❷2　❸1　❹4
- ❶「友達に」がある ⇒ 受身形
- ❷「元気が出る」という気持ちになる。

Part 2 実戦ドリル 文法

第8回

もんだい1 ①4 ②2 ③1 ④1 ⑤4 ⑥2 ⑦1 ⑧1

ことばと表現

□ ～で 例 100円で 買えます。(time or money required / thời gian và số tiền phải mất)

□ ～て 例 かさを さして 歩く。(attendant circumstances / tình trạng đi kèm)

もんだい2 ①3 ②3

▶ ❶ この ホテル ₄で ₂結婚式を ₃する ₁のに、400万円くらい かかる そうですよ。

▶ ❷ それぞれの ₄テーブル ₁に ₃4つ ₂ずつ コップを 置いて ください。

もんだい3 ①2 ②4 ③2 ④3

▶ ❶ 「も」は、「思ったよりも 多い」 という 意味。

▶ ❸ 見て「暑そう」だと 思った。

第9回

もんだい1 ①3 ②2 ③4 ④4 ⑤4 ⑥4 ⑦1 ⑧2

ことばと表現

□ ～の とおりに 例 この 例の とおりに 書いて ください。(similarly / tương tự)

□ ～た ほうが いい 例 もっと 食べた ほうが いいですよ。(advice / khuyên nhủ)

もんだい2 ①4 ②2

▶ ❶ ₂財布 ₃に ₄100円 ₁しか 入って いなかったんです。

▶ ❷ 1か月に いくら ₁使った ₃か ₂わかる ₄ように、いつも メモして います。

もんだい3 ①3 ②1 ③1 ④4

▶ ❶ 「ようです」は、前の 文の 「そうです」と だいたい 同じ 意味。

▶ ❷ インターネットでは、興味が ある ニュースを 読む。新聞だと、いろいろな ニュースを 読む ことが できる。

第10回

もんだい1 ①1 ②4 ③1 ④1 ⑤3 ⑥1 ⑦2 ⑧2

ことばと表現

□ ～ながら 例 テレビを 見ながら 勉強する。(simultaneously / đồng thời)

□ ～てしまいました 例 カギを なくして しまいました。(feeling sorry / đáng tiếc)

もんだい2 ①1 ②4

▶ ❶ ₂3時 ₃から ₁の ₄はず なんですが、だれも いませんね。

▶ ❷ それは ちょっと 難しいので、₁山田さん ₃と ₄二人 ₂で やった ほうが いいですよ。

もんだい3 ①2 ②4 ③2 ④2

▶ ❷ これまで 使って いなかったが、いつも 使う ようにした。

▶ ❹ いつも 使う ものが いい ものだと 生活が 楽しく なるから、いい ペンを 買って みる。

第11回

もんだい1 ①2 ②1 ③4 ④2 ⑤4 ⑥4 ⑦3 ⑧1

もんだい2 ①3 ②1

▶ ❶ あつい ₂から ₄あそこの ₃店で ₁アイスクリームを 食べようか。

▶ ❷ サイズ ₂が ₄あわなかったら ₁とりかえる ₃ことが できます。

もんだい3 ①2 ②4 ③2 ④1

実戦ドリル　文法　解答

第12回

もんだい1　❶2　❷3　❸1　❹4　❺4
　　　　　　❻4　❼2　❽3

もんだい2　❶1　❷3

▶❶ おすし ₂と ₄サンドイッチは ₁よやく ₃して あります。

▶❷ 夏休みに ₄北海道へ ₁行こう ₃と ₂思って います。

もんだい3　❶1　❷1　❸4　❹3

▶❶ か：word that indicates doubt ／ từ thể hiện nghi vấn

▶❸ など：expression that is not a clear assertion ／ câu không khẳng định

▶❹ ようだ：word that expresses a plural ／ từ thể hiện số nhiều

第13回

もんだい1　❶4　❷2　❸3　❹4　❺1
　　　　　　❻1　❼3　❽2

もんだい2　❶4　❷1

▶❶ あしたは ₃英語と ₂すうがくの ₄試験が ₁あるのに みんな あそんでいる。

▶❷ 弟は ₂スマホ ₄を ₁持った ₃まま ねている。

もんだい3　❶4　❷1　❸3　❹1

▶❶ こわされた：passive form ／ dạng bị động

▶❸ にぎやかな 町と 田舎を 比べた 語

第14回

もんだい1　❶1　❷3　❸3　❹1　❺1
　　　　　　❻3　❼3　❽2

▶❺ ～なりました：expression that indicates change ／ cách nói thể hiện sự thay đổi

もんだい2　❶4　❷4

▶❶ 彼は ₃いそがしいので パーティーに ₄来られるか ₂どうか わかりません。

▶❷ この 道路は ₃交通事故 ₁が ₄おきた ₂ため 通れません。

もんだい3　❶2　❷3　❸1　❹1

▶❹ 「～ほど ～ものは ない」の形。(emphasis ／ nhấn mạnh)

第15回

もんだい1　❶4　❷2　❸3　❹1　❺4
　　　　　　❻4　❼2　❽2

もんだい2　❶4　❷4

▶❶ 地図 ₃を ₂見 ₁ながら ₄せつめい しました。

▶❷ これ ₃は ₂べんりで ₄すばらしい せいひん だと 思います。

もんだい3　❶3　❷1　❸2　❹2

▶❶ だが：前と 後で 反対の 内容 ⇒ adversative conjunction ／ câu ngược ý

▶❷ その：demonstrative pointing at the previous sentence ／ từ nối chỉ câu trước đó

▶❹ ～たほうがいい：expression that indicates an opinion ／ cách nói bày tỏ ý kiến

Part 2 実戦ドリル 文法

テーマ別ミニ特訓講座  確認ドリル

1. 助詞①

① c ② c、c、a ③ c ④ c ⑤ b ⑥ c
⑦ b、b ⑧ c ⑨ a、b ⑩ c

2. 助詞②

① a ② c ③ a ④ a ⑤ a ⑥ b ⑦ c ⑧ b
⑨ a ⑩ a、a

3. 接続表現

① a ② b ③ a ④ a ⑤ b ⑥ b ⑦ a ⑧ a
⑨ a ⑩ b

4. 受身・使役・使役受身

① b ② a ③ a ④ a ⑤ b ⑥ b ⑦ b ⑧ b
⑨ a ⑩ c ⑪ a ⑫ b ⑬ b ⑭ a ⑮ a

5. 文末表現

① a ② a ③ b ④ a ⑤ b ⑥ a ⑦ b ⑧ c
⑨ a ⑩ a ⑪ b ⑫ b

Part 3 模擬試験（もぎしけん）
文字・語彙 解答（もじ・ごい かいとう）

第1回（だい1かい）

もんだい1 ①2 ②4 ③2 ④3 ⑤1 ⑥2 ⑦1 ⑧4 ⑨3

▶② 不＝フ、ブ　例 不安
　　便＝ベン、ビン／たよ-り　例 不便、直行便、便りが来る
▶⑤ 楽＝ガク、ラク／たの-しい、たの-しむ　例 音楽、楽な仕事、映画を楽しむ
▶⑦ 色＝シキ／いろ　例 景色、明るい色

ことばと表現

□ 時代（じだい）：era／thời đại
□ アルバイト：part-time job／việc làm thêm
□ 髪（かみ）：hair／tóc

もんだい2 ⑩4 ⑪2 ⑫1 ⑬2 ⑭4 ⑮3

▶⑫ 軽＝ケイ／かる-い　例 体重が軽い
▶⑬ 特＝トク　例 特に、特別な
▶⑮ 作＝サク、サ／つく-る　例 作文を書く、ごはんを作る

ことばと表現

□ 台所（だいどころ）：kitchen／bếp
□ 特に（とくに）：especially／đặc biệt là

もんだい3 ⑯1 ⑰4 ⑱3 ⑲2 ⑳4 ㉑3 ㉒1 ㉓2 ㉔4 ㉕3

ことばと表現

□ 消す（けす）：erase／xóa, tắt
□ 盛ん（さかん）：active／phổ biến, phát triển
□ レジ：cash register／quầy tính tiền
□ 必ず（かならず）：without exception／chắc chắn
□ お疲れ様でした（おつかれさまでした）：仕事が終わった後にするあいさつ。
□ かたい：hard／cứng
□ 虫（むし）：bug／sâu bọ
□ 迷う（まよう）：become lost／lạc đường, đắn đo

もんだい4 ㉖1 ㉗3 ㉘2 ㉙2 ㉚4

ことばと表現

□ 用意する（よういする）：準備する（じゅんび）
□ やる：「あげる」の意味。自分より立場が下の人に使う。
□ テキスト text：textbook／giáo trình
□ さっき：少し前（すこしまえ）
□ 卒業する（そつぎょうする）：大学を出る

もんだい5 ㉛3 ㉜2 ㉝3 ㉞1 ㉟4

▶㉛ 1は「汚れた（よごれた）」、2は「割れて（われて）」、4は「壊れた（こわれた）」などが合う。
▶㉜ 1は「これから」、3は「後で（あとで）」、4は「今度（こんど）」などが合う。
▶㉝ 1は「どんどん」、2は「ほとんど」、4は「なかなか」などが合う。
▶㉞ 2は「デザート」、3は「レポート」、4は「サービス」などが合う。
▶㉟ 1は「細かい（こまかい）」、2は「さびしい」、3は「古く（ふるく）」などが合う。

ことばと表現

□ （電池が）切れる（きれる）：run out／hết sạch
□ 将来（しょうらい）：future／tương lai
□ 夢（ゆめ）：dream／giấc mơ
□ グループ：group／nhóm
□ ひどい：awful／quá đáng, tồi tệ

第2回（だい2かい）

もんだい1 ①2 ②3 ③2 ④2 ⑤1 ⑥2 ⑦1 ⑧4 ⑨4

▶② 合＝ゴウ／あ-う　例 試合（しあい）
▶③ 風＝フウ／かぜ　例 強い風が吹く
▶④ 意＝イ　例 意見（いけん）
▶⑥ 住＝ジュウ／す-む　例 日本に住む

もんだい2 ⑩1 ⑪3 ⑫2 ⑬3 ⑭2 ⑮3

▶⑩ 急＝キュウ／いそ-ぐ　例 急な用事（ようじ）
▶⑪ 洗＝セン／あら-う　例 シャツを洗濯する（せんたく）

15

▶ 12 夜＝ヤ／よ、よる　例 きょうの夜
▶ 15 場＝ジョウ／ば　例 自動車 工場

もんだい3　16 1　17 4　18 3　19 4　20 2
　　　　　21 3　22 4　23 1　24 1　25 2

ことばと表現

☐ じゃま（な）：in the way／làm phiền　例 仕事のじゃま
☐ 育てる：nurture／nuôi dưỡng　例 花を 育てる
☐ 続ける：continue／tiếp tục　例 話を 続ける
☐ のど：throat／họng　例 のどが 乾く
☐ 気を つける：be careful／cẩn thận　例 体に 気を つける
☐ どんどん：at a rapid pace／nhanh, nhiều　例 どんどん 増える
☐ かたい：hard／cứng　例 かたい パン
☐ 曲がる：bend; turn／rẽ　例 右に 曲がる
☐ チェック（する）：(to) check／kiểm tra　例 荷物を チェックする
☐ 故障する：(to) break down／hỏng hóc　例 機械が 故障する
☐ 楽しみ：enjoyment／háo hức　例 旅行が 楽しみだ。

もんだい4　26 3　27 4　28 3　29 3　30 1

ことばと表現

☐ 謝る：apologize／xin lỗi　例 友だちに 謝る
☐ 必ず：without exception／chắc chắn　例 必ず 行く
☐ 中止：suspend／hoãn　例 試合が 中止になる
☐ ホット：hot／nóng
☐ 出席する：(to) attend／tham gia, có mặt　例 パーティーに 出席する

もんだい5　31 1　32 3　33 2　34 4　35 1

▶ 31 2は「代わりに」、3は「じゃなくて」、4は「乗り換える」などが 合う。
▶ 32 1は「冷たい」、2は「下がる」、4は「寒い」などが 合う。
▶ 33 1・3は「小さい」、4は「少ない」などが 合う。
▶ 34 1は「間に」、2・3は「中に」などが 合う。
▶ 35 2は「反対」、3は「低い」、4は「後ろ」などが 合う。

第3回

もんだい1　1 3　2 3　3 3　4 2　5 3
　　　　　6 1　7 4　8 1　9 2

▶ 2 最＝サイ／もっと-も　例 最初、最近、最も 有名な 絵
▶ 4 動＝ドウ／うご-く　例 動物、動く
▶ 8 世＝セ／よ　例 世話、世の中

もんだい2　10 3　11 1　12 2　13 3　14 4
　　　　　15 2

もんだい3　16 3　17 1　18 2　19 3　20 4
　　　　　21 1　22 2　23 1　24 1　25 4

ことばと表現

☐ 急ぐ：hurry／nhanh, vội　例 時間が ないので 急いで ください。
☐ 注意（する）：(to) warn／chú ý　例 車に 注意する
☐ 落とす：drop／đánh rơi　例 さいふを 落とす
☐ 近所：vicinity／hàng xóm, gần nhà　例 近所の 人
☐ 出発（する）：(to) depart／xuất phát　例 出発の 時間
☐ カタログ：catalog／catalog　例 食器の カタログ
☐ 柔らかい：soft／mềm　例 柔らかい ベッド

もんだい4　26 2　27 3　28 1　29 3　30 4

ことばと表現

☐ たいてい：mostly／đa số, đại để
☐ 翻訳（する）：(to) translate／biên dịch

もんだい5　31 3　32 1　33 4　34 2　35 3

▶ 31 1は「入れる」、2は「上る」、4は「貸す」などが 合う。
▶ 32 2は「見学する／見て回る」、3は「けがする」、4は「計画する」などが 合う。
▶ 33 1は「割れる」、2は「疲れる」、3は「倒れる」などが 合う。
▶ 34 1は「冷たくなくなる」、3・4は「寒くなる」などが 合う。

Part 3 模擬試験 文法 解答

第1回

もんだい1　①3　②1　③4　④1　⑤2
　　　　　⑥2　⑦4　⑧3　⑨3　⑩2
　　　　　⑪4　⑫1　⑬2　⑭4　⑮3

ことばと表現

- 疑問詞＋でも　例 この 店の ものは、どれでも 100円です。(the entire extent ／ toàn bộ phạm vi đó)
- (普通形)と いう　例「東門」と いう 店で 会いましょう。(concretely displays the content ／ đưa ra nội dung một cách cụ thể)
- ～ように　例 忘れないように、手帳に メモした。(goal ／ mục đích)

もんだい2　⑯1　⑰3　⑱2　⑲4　⑳2

- ⑯ お店の 場所は ₂インターネットで ₃しらべれば ₁わかる ₄だろう。
- ⑰ ₄どんなに ₂ていねいに ₃あやまって ₁も かれは おこった ままだった。
- ⑱ その 仕事は ₁私に ₃やらせて ₂ください ₄ませんか。
- ⑲ 先生が 来週の 月曜日は 学校が ₃休み ₁だ ₄と ₂言って いました。
- ⑳ 1時間も ねぼう したので、やくそくの 時間に ₁間に合い ₄そう ₂に ₃ない。

もんだい3　㉑3　㉒2　㉓4　㉔4　㉕1

- ㉓「よく わかりませんでした」⇒ Indicates that a result has occurred that is the opposite of what was expected. ／ thể hiện kết quả khác với phỏng đoán
- ㉔ a reason goes before this, and a result comes after ／ trước đó là "lí do", sau đó là "kết quả"

第2回

もんだい1　①3　②4　③2　④4　⑤1
　　　　　⑥4　⑦3　⑧2　⑨4　⑩4
　　　　　⑪3　⑫4　⑬2　⑭4　⑮3

ことばと表現

- ～ところ　例 これから 食事をする ところです。(just before ／ ngay trước đó)
- ～の ために　例 母の ために、かばんを 買いました。(to be of advantage to ～ ／ để ～ có lợi)
- ～ように なる　例 日本語が わかる ように なりました。(change ／ hay đổi)

もんだい2　⑯2　⑰4　⑱3　⑲1　⑳4

- ⑯ わたしは 長い 時間 ₄走る ₁のが ₂好きな ₃ので、来月 マラソン大会に 出ます。
- ⑰ この 本を ₂どこ ₃まで ₄読んだ ₁か、わからなく なって しまいました。
- ⑱ 大学生の 娘が いつ ₂帰って ₄きても ₃いい ₁ように、部屋は そのままに して あります。
- ⑲ パソコン ₄の ₃使いかた ₁を ₂教えて もらいました。
- ⑳ さくらさんが ₂かいた ₁絵は ₄色が ₃きれいだ と 思いました。

もんだい3　㉑4　㉒2　㉓1　㉔3　㉕2

- ㉓「はずかしい」と 思う ような こと。
- ㉔「静かに 字を 書く」⇒ いろいろな ことは 考えない。

第3回

もんだい1　①3　②3　③1　④4　⑤2
　　　　　⑥4　⑦2　⑧4　⑨1　⑩2
　　　　　⑪4　⑫4　⑬4　⑭1　⑮4

ことばと表現

- ～(ら)れる：例 パーティーに 招待されました。(passive ／ thụ động)
- ～ように：例 遅れないように、早く 出ました。(aim ／ mục đích)

もんだい2   16 1   17 3   18 4   19 1   20 3

▶ 16 肉 ₂しか ₄食べないのは ₁体に ₃よくない そうだ。

▶ 17 道が ₄わからない ₂ので ₃地図を ₁かいて もらいました。

▶ 18 わかい ₂ときに ₁いろいろな ₄ことを ₃けいけんした ほうがいい。

▶ 19 海外旅行へ ₄行くのに ₂パスポートを ₁忘れた ₃ことに 空港で 気が つきました。

▶ 20 日本 ₂の ₄古い ₃建物に ₁きょうみが あります。

もんだい3   21 1   22 2   23 4   24 2   25 3

▶ 22 ⇒ 意志を 表す 表現

▶ 23 Results that run counter to the previous sentence continuing (adversative) ／ kết quả ngược với câu trước đó (câu ngược ý)

▶ 24 ⇒ expression that indicates experience ／ cách nói thể hiện kinh nghiệm

日本語能力試験 N4直前対策ドリル&模試 Part 3 模擬試験

文字・語彙(げんごちしき もじ・ごい) かいとうようし

なまえ / Name

第1回

もんだい1

	①	②	③	④
1	①	②	③	④
2	①	②	③	④
3	①	②	③	④
4	①	②	③	④
5	①	②	③	④
6	①	②	③	④
7	①	②	③	④
8	①	②	③	④
9	①	②	③	④

もんだい2

	①	②	③	④
10	①	②	③	④
11	①	②	③	④
12	①	②	③	④
13	①	②	③	④
14	①	②	③	④
15	①	②	③	④

もんだい3

	①	②	③	④
16	①	②	③	④
17	①	②	③	④
18	①	②	③	④
19	①	②	③	④
20	①	②	③	④
21	①	②	③	④
22	①	②	③	④
23	①	②	③	④
24	①	②	③	④
25	①	②	③	④

もんだい4

	①	②	③	④
26	①	②	③	④
27	①	②	③	④
28	①	②	③	④
29	①	②	③	④
30	①	②	③	④

もんだい5

	①	②	③	④
31	①	②	③	④
32	①	②	③	④
33	①	②	③	④
34	①	②	③	④
35	①	②	③	④

第2回

もんだい1

	①	②	③	④
1	①	②	③	④
2	①	②	③	④
3	①	②	③	④
4	①	②	③	④
5	①	②	③	④
6	①	②	③	④
7	①	②	③	④
8	①	②	③	④
9	①	②	③	④

もんだい2

	①	②	③	④
10	①	②	③	④
11	①	②	③	④
12	①	②	③	④
13	①	②	③	④
14	①	②	③	④
15	①	②	③	④

もんだい3

	①	②	③	④
16	①	②	③	④
17	①	②	③	④
18	①	②	③	④
19	①	②	③	④
20	①	②	③	④
21	①	②	③	④
22	①	②	③	④
23	①	②	③	④
24	①	②	③	④
25	①	②	③	④

もんだい4

	①	②	③	④
26	①	②	③	④
27	①	②	③	④
28	①	②	③	④
29	①	②	③	④
30	①	②	③	④

もんだい5

	①	②	③	④
31	①	②	③	④
32	①	②	③	④
33	①	②	③	④
34	①	②	③	④
35	①	②	③	④

第3回

もんだい1

	①	②	③	④
1	①	②	③	④
2	①	②	③	④
3	①	②	③	④
4	①	②	③	④
5	①	②	③	④
6	①	②	③	④
7	①	②	③	④
8	①	②	③	④
9	①	②	③	④

もんだい2

	①	②	③	④
10	①	②	③	④
11	①	②	③	④
12	①	②	③	④
13	①	②	③	④
14	①	②	③	④
15	①	②	③	④

もんだい3

	①	②	③	④
16	①	②	③	④
17	①	②	③	④
18	①	②	③	④
19	①	②	③	④
20	①	②	③	④
21	①	②	③	④
22	①	②	③	④
23	①	②	③	④
24	①	②	③	④
25	①	②	③	④

もんだい4

	①	②	③	④
26	①	②	③	④
27	①	②	③	④
28	①	②	③	④
29	①	②	③	④
30	①	②	③	④

もんだい5

	①	②	③	④
31	①	②	③	④
32	①	②	③	④
33	①	②	③	④
34	①	②	③	④
35	①	②	③	④

日本語能力試験 N4直前対策ドリル&模試 文字・語彙・文法 Part 3 模擬試験

文法（げんごちしき ぶんぽう） かいとうようし

なまえ / Name

第 1 回

もんだい1

	1	2	3	4
1	①	②	③	④
2	①	②	③	④
3	①	②	③	④
4	①	②	③	④
5	①	②	③	④
6	①	②	③	④
7	①	②	③	④
8	①	②	③	④
9	①	②	③	④
10	①	②	③	④
11	①	②	③	④
12	①	②	③	④
13	①	②	③	④
14	①	②	③	④
15	①	②	③	④

もんだい2

	1	2	3	4
16	①	②	③	④
17	①	②	③	④
18	①	②	③	④
19	①	②	③	④
20	①	②	③	④

もんだい3

	1	2	3	4
21	①	②	③	④
22	①	②	③	④
23	①	②	③	④
24	①	②	③	④
25	①	②	③	④

第 2 回

もんだい1

	1	2	3	4
1	①	②	③	④
2	①	②	③	④
3	①	②	③	④
4	①	②	③	④
5	①	②	③	④
6	①	②	③	④
7	①	②	③	④
8	①	②	③	④
9	①	②	③	④
10	①	②	③	④
11	①	②	③	④
12	①	②	③	④
13	①	②	③	④
14	①	②	③	④
15	①	②	③	④

もんだい2

	1	2	3	4
16	①	②	③	④
17	①	②	③	④
18	①	②	③	④
19	①	②	③	④
20	①	②	③	④

もんだい3

	1	2	3	4
21	①	②	③	④
22	①	②	③	④
23	①	②	③	④
24	①	②	③	④
25	①	②	③	④

第 3 回

もんだい1

	1	2	3	4
1	①	②	③	④
2	①	②	③	④
3	①	②	③	④
4	①	②	③	④
5	①	②	③	④
6	①	②	③	④
7	①	②	③	④
8	①	②	③	④
9	①	②	③	④
10	①	②	③	④
11	①	②	③	④
12	①	②	③	④
13	①	②	③	④
14	①	②	③	④
15	①	②	③	④

もんだい2

	1	2	3	4
16	①	②	③	④
17	①	②	③	④
18	①	②	③	④
19	①	②	③	④
20	①	②	③	④

もんだい3

	1	2	3	4
21	①	②	③	④
22	①	②	③	④
23	①	②	③	④
24	①	②	③	④
25	①	②	③	④